성공하는 사람은
수학적으로 말한다

'SUGAKU TEKI' HANASHIKATA TRAINING
Copyright © 2022 by Shintaro FUKASAWA
All rights reserved.
First original Japanese edition published by PHP Institute, Inc., Japan.
Korean translation rights arranged with PHP Institute, Inc.
through EntersKorea Co.,Ltd.

이 책의 한국어판 저작권은 ㈜엔터스코리아를 통해 저작권자와 독점 계약한
㈜북새통에 있습니다.
저작권법에 의하여 한국 내에서 보호를 받는 저작물이므로 무단전재와
무단복제를 금합니다.

성공하는 사람은
수학적으로 말한다

후카사와 신타로 지음 · 한은미 옮김

토트

> 글을 시작하며

사람은 말하기로 평가받는다

'어떻게 하면 말을 잘할 수 있을까?' 많은 사람들이 이 문제로 고민합니다. 진심이 상대방에게 제대로 전달되지 않을까 두려워 장황하게 말을 늘어놓거나 생각을 조리 있게 설명하지 못해 난감했던 경험이 누구에게나 있을 것입니다. 말을 조리 있게 잘하는 것은 많은 사람들에게 정말 중요한 문제입니다.

여기서 질문을 하나 하겠습니다.

"왜 말하기에 대해 고민해야 할까요?"

십인십색이라는 말이 있듯이 모든 사람은 저마다 다른

개성을 가지고 살아갑니다. 당신이 한국인이라면 한국어로 말하고, 상대가 알아들을 수 있는 목소리로 말을 한다면 그것으로 충분한 것이 아닌가요? 하지만 많은 사람들이 말하기가 지닌 단순한 의사소통 기능 그 이상에 대해서 고민한다면 그에 대한 저의 대답은 다음과 같습니다.

"사람은 말하기로 평가받기 때문입니다."

당신이 직장인이라고 가정해 봅시다. 후배나 신입 사원이 말을 하는데 말이 너무 빠르고 정보량이 많아서 무슨 말을 하고 싶은 건지 도통 이해할 수 없습니다. 그럴 때 당신은 어떤 생각이 드나요? "그래서 무슨 말이 하고 싶은 거지?"라고 되묻고 싶을 것입니다. 하지만 이것은 어디까지나 표면적인 감정이고 조금 더 내면에 있는 감정을 드러내자면 다음과 같은 말일 것 같습니다. "이 녀석은 무능해. 도무지 신뢰가 가지 않아."

다시 말해서 당신은 그 사람이 하는 말을 듣고 그 사람을 평가하고 있습니다. 일상생활에서부터 비즈니스까지 상대방의 평가는 어디서나 매우 중요합니다. 특히 업무상 만나는 사람들로부터 신뢰를 얻는 것은 일의 성과와 직결됩니다. 또 비즈니스 상담이나 회의에서 발표할 때, 당신은 명확하게 설명한 것 같은데 어찌 된 일인지 상대방이 제대로 이해하지 못해서 곤란한 경우가 많습니다. 이것은 의사소통의 문제에 그치지 않고 회사의 경우에는 매출 부진으로 또는 애써 만든 기획안이 통과되지 않는 등의 문제가 발생할 수 있습니다. 또 동료나 가족에게 오해를 받아 인간관계에 심각한 문제가 발생할 수 있습니다.

다시 말해서 말하기는 한 사람의 인생을 좌우하는 중요한 이슈입니다.

무능하다는 평가는 받고 싶지 않다

저는 일본 유일의 비즈니스 수학 교육자로서 수학적 능력을 비즈니스에 활용하는 비즈니스 수학을 제창했고 현재 이 분야의 인재 육성에 종사하고 있습니다. 대기업이나 엘리트 운동선수의 교육 연수, 비즈니스 스쿨 강의, 방송 활동을 주로 하며 실용서부터 소설에 이르기까지 저서도 집필해 비즈니스 수학의 중요성을 끊임없이 전파하고 있습니다.

저는 직업상 다양한 직장인과 만나 교류합니다. 현장에

서 발견한 직장인의 공통적인 특성 중 하나는 나서서 자신의 의견을 말하거나 남의 이목을 끄는 일은 최대한 피한다는 것입니다. 연수 중 쉬는 시간에 사람들에게 가볍게 말을 걸면 그들의 본심을 살짝 엿볼 수 있습니다.

> 유능하다는 평가까지는 바라지 않더라도 무능하다는 평가는 받고 싶지 않다.
> 똑똑하다는 소리까지는 바라지 않더라도 바보라는 소리는 듣고 싶지 않다.

이런 생각은 사람들에게 '말하기 콤플렉스'를 심어줍니다. 자신이 하는 말을 타인이 듣고 '얘는 바보구나', '얘는 믿을 수 없어'라는 평가를 할까봐 두려워합니다. 그래서 많은 사람들이 말하기로 고민하고 있습니다.

말하기에 수학적 사고를 도입해 보자

이 책에서는 말하기 고민을 해결하는 방법으로 '수학적 화법'을 익히는 것을 제안합니다. 대부분 수학적 화법이라는 말에 적지 않은 거부감을 느낍니다. 수학은 학창 시절 많은 사람들에게 복잡한 방정식과 난해한 도형 문제로 어려움과 좌절을 안겨준 과목이기 때문입니다. 그 수학의 이미지와 말하기가 쉽게 연결되지 않는 것은 어쩌면 당연한 일입니다. 자세한 내용은 차차 설명하겠지만 요점을 정리하자면 책의 주요 골자는 다음과 같습니다.

- '수학'과 '수학적'인 것은 다르다.
- '화법(말하는 방식)'은 '사고(생각)'로 결정된다.
- '수학적 사고'가 가능하면 '수학적 말하기'도 가능하다.

앞으로 어려움과 좌절을 안겨준 수학에 대한 이미지는 깨끗이 잊어버리세요! 이 책에서 설명하는 내용에는 그런 수학 문제에 관한 내용은 거의 없습니다. 다만 생각(=사고)이 바뀌면 말하는 방식(=화법)도 함께 바뀐다는 것을 기억하세요. 가령 무슨 일이든지 부정적으로 생각하는 사람은 부정적으로 말을 합니다. 반대로 긍정적으로 생각하는 사람은 긍정적인 말을 많이 하고 쾌활한 인상을 줍니다. 이것이 바로 사고가 바뀌면 말하는 화법도 함께 바뀐다는 의미입니다.

또 한 가지, 오해가 생기지 않도록 미리 설명할 것이 있습니다. 이 책에서 제안하는 수학적 화법은 숫자를 사용해서 대화한다는 의미가 아닙니다. 물론 비즈니스 현장에서 말을 할 때 숫자를 사용하는 것이 중요한 경우도 있습니다. 가령 "매출이 많이 올랐습니다"라고 말하는 것보다 "매출이 전월 대비 150퍼센트 올랐습니다"라고 말하는 것이 훨씬 더 전달력이 있습니다. 하지만 이것이 여기서 말하는 수학적 화법은 아니라는 것을 거듭 밝힙니다. '수학적 화법'은 '숫자를 사용해서 말하기'가 아니라는 것을 인식하고 책을 읽기 바랍니다.

수학적 화법으로 성공 지수를 높인다

마지막으로 왜 책을 쓰게 되었는지에 대해서 설명하겠습니다. 책의 신뢰도와 직결되는 꼭 필요한 이야기라고 생각하기 때문입니다. 제가 주로 하는 일은 직장인 대상의 연수 강의입니다. 다시 말해서 업무 대부분이 말을 하는 일입니다. 감사하게도 저의 설명이나 발표, 참가자와의 가벼운 대화 등에서 많은 긍정적인 평가를 받아 인재 육성과 연수 업계에서 지금의 성공에 이르렀습니다.

"세상에서 가장 알아듣기 쉬웠다."
"무척 친절하고 쉬웠다."
"메시지가 간단명료했다."

즉, 제가 이 활동을 성공적으로 해올 수 있었던 가장 큰 이유는 말하기로 신뢰를 얻었기 때문입니다. 하지만 저는 지금까지 말하기에 대해 공부한 적이 단 한 번도 없습니다. 그렇다면 저에게 말하기를 가르쳐준 것은 누구일까요? 바로 수학입니다. 학창 시절에 저는 수학에 빠져 살았습니다. 수학 이외의 과목은 전혀 공부하지 않았다고 해도 과언이 아닙니다. 그 결과는 성적표에 잘 드러났습니다. 그러니 과장이 아니라 제 몸은, 아니 제 세포는 수학으로 만들어졌다고 말할 수 있습니다. 사고방식도 당연히 수학이 가르쳐주었습니다. 이 사고방식을 저는 '수학적 사고'라고 부릅니다. 정리하자면 다음과 같이 요약할 수 있습니다.

나의 말하기는 항상 '수학적'이며 그것이 비즈니스 현장에서 높은 평가를 받고 신뢰를 얻었다.

이 책은 '수학적 화법'을 심도 있게 설명함과 동시에 직장이나 비즈니스 현장에서 실천할 수 있는 훈련법을 담고 있습니다. 수십 년에 걸쳐 연구한 것을 2~3시간의 학습과 훈련만으로도 익힐 수 있도록 구성했습니다. 말하기로 고민하는 많은 사람들이 책을 읽고 잘못된 화법으로 손해를 보거나 신뢰를 잃는 일이 더는 없기를 진심으로 바랍니다.

후카사와 신타로

목 차

글을 시작하며 4

사람은 말하기로 평가받는다   4
무능하다는 평가는 받고 싶지 않다   6
말하기에 수학적 사고를 도입해 보자   7
수학적 화법으로 성공 지수를 높인다   9

chapter 1 왜 수학적으로 말해야 할까?

수학이란 설명이다

책을 읽기만 해도 화법이 바뀐다   19
사고가 화법을 결정한다   21
수학이란 설명이다   22
수학적 사고는 다섯 가지 행위로 성립된다   25
수학적 사고 = 정의 × (분해 + 비교) × (구조화 + 모델화)   33
설득력 있는 화법   34

chapter 2 수학적 화법이란?

성공한 사람의 화법을 과학화하자

성공한 사람들의 화법	41
도입 → 주장 → 해설 → 결론	44
수학 논술은 어떻게 소통될까?	46
도입과 해설이 전부다	48
수학적 화법의 틀	51
토요타 아키오 사장의 수학적 화법	54
독서의 매력을 수학적으로 설명하라	58
말하기의 다섯 가지 필수 과목	60

chapter 3 정의한 후에 말하라

성공한 사람들의 도입 화법

비즈니스 커뮤니케이션은 100미터 달리기와 같다	65
경제 평론가의 도입 화법	67
간결하게 말하는 테크닉	70
전제부터 설명하고 시작하라	72
도입 화법의 좋은 예	76
이치로 선수의 은퇴 기자회견	80
남의 말을 경청하는 태도	82
남다른 화법의 소유자	84
100미터 달리기의 정체	87

chapter 4 분해해서 말하라
어려운 말을 쉽게 전달하기

분해를 분해하라	93
인수분해 한 후에 말하라	96
대화할 때 숫자를 활용하라	100
수학이 무기인 최고 마케터의 화법	103
대화 내용을 말뭉치와 화살표로 표현하기	106
강제로 도해화하라	111
잠시 쉬어 가기 대신 잠시 쉴 수 있는 상태로 만들자	113

chapter 5 비교해서 말하라
사물에 의미를 부여해서 전달하는 기술

메시지가 없는 이야기만큼 따분한 것도 없다	121
비교란 뺄셈이다	125
시간축을 비교해서 말하라	130
복수의 비교를 사용해서 말하라	133
설득력 있는 말의 메커니즘	136
숫자로 말하기보다 비교해서 말하라	140
매직 워드는 대비로 설명한다	143
비교는 어떻게 하는가?	147

chapter 6 구조화시켜 말하라
조금 더 깊이 있게 전달하기

다르지만 같은 느낌이란?	153
예화가 포함되면 설득력이 높아진다	157
분수를 피자로 설명하는 이유	159
매칭이 잘되는 예화 구성에 대한 발상	161
기대란 벡터다	165
구조적 화법의 마법	169
구조적 화법으로 예화 만드는 법	170
사업가 히로유키의 화법	173
수학이란 구조적 사고방식을 배우는 학문이다	179

chapter 7 모델화해서 말하라
마치 사실인 것처럼 말하는 노하우

모델을 사용해서 말하라	185
프로스펙트 이론이란?	188
타메스에 선수의 평균회귀 모델	192
설명에 활용할 모델 비축하기	195
거슬리는 말 & 따분한 말	199
사실이 아니라 사실인 것 같은 말	202
토요타 아키오 사장과 이치로 선수의 대담	205
'수학적 화법'을 수학적으로 설명하라	208

글을 마치며 210

CHAPTER 1

왜 수학적으로 말해야 할까?

수학이란 설명이다

책을 읽기만 해도 화법이 바뀐다

이 책은 말하기를 훈련하는 책이다. 하지만 독자 중에는 이런 의문을 가진 사람도 있을 것이다.

책을 읽기만 해도 말을 잘할 수 있다고?

말하기 훈련이라고 하면 흔히 아나운서가 하는 '발음 연습'이나 '때로는 한 박자 쉬고', '입을 크게 벌리고 발음을 분명하게' 등의 훈련을 상상한다. 말을 할 때 신체의 어느 부위를 사용하는지 사람들에게 물어보면 대개는 '입'이라고 대답한다. 틀린 말은 아니다. 하지만 그런 사고방식으로는 말하는 방식을 바꾸기 힘들다. 이번 장에서는 그 이유를 설명하고 질문에 대한 답으로 이야기를 시작한다.

우리는 말을 할 때 신체의 어느 부분을 사용할까? 바꾸어 말하면 신체의 어느 부분이 변해야 화법이 바뀐다고 생각하는지에 대한 질문이다. 누군가 흥미로운 말을 했다.

"말하기는 멘탈로 결정된다!"

나는 이 말을 듣고 깊이 공감했다. 가족이나 친구처럼 속속들이 아는 사람에게는 스트레스 없이 무슨 이야기든지 술술 할 수 있지만 어려운 상사와 대화하거나 많은 관중 앞에서 연설할 때는 편하게 말하기가 어렵다. 그 차이가 '입'이 아니라 '멘탈'에 있다는 것이 매우 본질적인 인식이라는 생각이 들었다. 이제 이 사실을 알았다면 말하기를 결정하는 요소로 그다음 중요한 것은 무엇일까? 나는 망설임 없이 다음과 같이 대답한다.

"말하기는 사고(思考)로 결정된다."

사고방식 즉, 생각이 바뀌면 말하는 방식도 바뀐다.

사고가 화법을 결정한다

　사물을 긍정적으로 보는 사람은 말을 쾌활하게 하고 말하는 내용도 긍정적이다. 반면 매사에 부정적인 사람은 말에 힘이 없고 부정적인 말을 많이 사용한다. 그 차이는 입의 움직임에 있는 것이 아니라 사고의 차이에 있다. 만약 당신이 화법을 바꾸고 싶다면 화법 그 자체를 바꾸기보다 화법을 자동으로 바꾸는 무언가를 바꾸어야 한다. 그것이 말하기 훈련의 올바른 접근법이며 무언가는 바로 '사고'다.

　글을 시작하며 말하기로 고민하는 이유 중 하나로 '무능하다는 평가를 받는다'는 예를 들었다. 우리는 그 사람의 말을 통해 '머리가 나쁘다'는 평가를 할 때가 있는데 실제 그 사람의 지능 수준과 별개로 이런 판단이 현실적으로 자주 일어난다.

　솔직히 말해서 나는 이런 평가가 완전히 잘못된 것이라고는 생각하지 않는다. 말하기는 그 사람의 사고 결과이기 때문이다. 말하기를 통해서 우리는 그 사람의 생각이나 사고방식을 꿰뚫어 볼 수 있다. 이것은 부정할 수 없는 사실이므로 말하기를 바꾸려 할 때는 말하기를 자동으로 바꾸는 사고를 바꾸어야 한다. 여기서 당신은 또 한 가지 의문이 든다. "그렇다면 사고방식, 즉 생각은 어떻게 바꾸어야 하는가?"라는 것이다. 나의 답은 다음과 같다.

수학적 사고, 즉 수학적으로 생각하는 두뇌로 바꾸어야 한다.

수학이란 설명이다

수학적으로 사고한다는 것이 어떤 것인가를 이해하기 위해서는 수학에 대한 당신과 나의 공통적 인식이 정립되어야 한다. 먼저 수학이란 무엇인가에 대해 내가 정의하는 바를 설명하겠다. 한마디로 말하면 다음과 같다.

수학이란 설명이다.

수학이라는 말을 들으면 계산 문제나 도형 문제를 풀어서 정답을 도출하는 행위를 상상할지도 모른다. 분명히 학창 시절에 경험한 수학은 그런 것이었다. 하지만 유감스럽게도 그 행위 자체는 수학이 아니다. 그것은 단순한 문제 풀이 작업이지 수학을 했다고 말할 수 없다. 그렇다면 수학을 한다는 것은 무엇을 한다는 것인가? 정답은 '설명을 하는 것'이다.

가장 알기 쉬운 것이 '○○라는 것을 증명하라'와 같은 종류의 문제다. 이런 문제는 '○○가 참이라는 것을 설명하라'는 요구와 같다. 그렇게 되는 근거를 내세워 논리적으로 설명해야 한다. 직장인이라면 반드시 체득해야 하는 행위다.

또한 학창 시절에 배운 수학에는 수많은 공식이 등장한다. 대표적인 예로 직각삼각형의 세 변에 대한 관계를 나타내는 피타고라스의 정리가 있다. 직각삼각형의 가장 긴 빗변의 제곱은 다른 두 변의 제곱의 합과 같다는 법칙이다. 여기에서 중요한 것은 이 정리가 어떤 사물을 설명한 결과라는 것이다. 공식을 단순히 '시험에서 정답을 도출할 때

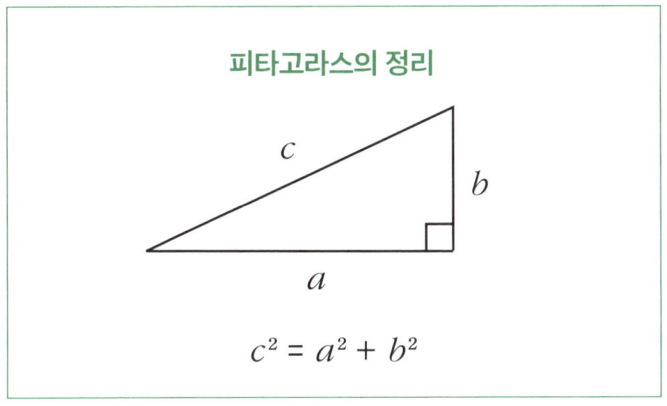

사용하는 도구'로만 받아들인다면 그것은 수학이 아니다. 오히려 '직각삼각형의 성질 설명'이라는 것으로 정의해서 직각삼각형을 어떻게 설명하고 있는지를 탐구하는 것이 수학이다.

예를 들어 다음과 같은 방정식 문제가 있다고 가정하자. 방정식을 푼다는 것은 미지의 수를 문자로 바꾸어서 주어진 식을 충족시키는 미지수를 수학적으로 도출하는 행위를 말한다. 해답에 이르는 과정을 살펴보자.

다음 방정식을 푸시오.
$x^2 - 5x + 6 = 0$

$x^2 - 5x + 6 = 0$

좌변을 인수분해 하면

$(x - 2)(x - 3) = 0$

따라서

$(x - 2) = 0$ 또는 $(x - 3) = 0$

따라서

$x = +2, +3$

해답에 이르는 일련의 과정은 표면적으로 보면 단순 계산으로 보인다. 하지만 그렇게 생각하기보다 정답이 +2와 +3이라는 것을 스스로에게 설명하는 행위로 받아들였으면 좋겠다. 처음에는 지금까지 가지고 있던 수학에 대한 이미지나 감각과 달라 거부감이 들지도 모른다. 하지만 사고방식을 바꾼다는 것은, 어떤 의미로는 약간의 거부감을 느끼는 데서 시작하는 것이다.

'수학이란 설명이다'라는 말은 책의 근간이 되는 정의이므로 다시 한 번 강조한다. 서문에서 밝힌 것처럼 '수학'과 '수학적'인 것은 다르다. 나는 당신에게 수학 공부를 시키려는 것이 아니다. 수학적인 사고방식이 무엇인지 깨닫고 그 결과, 화법이 바뀐다면 그것으로 충분하다. 당신도 그렇게 생각하길 바라며 지금부터 수학적 사고에 대해 설명한다.

수학적 사고는 다섯 가지 행위로 성립된다

수학적 사고란 '수학을 할 때 머릿속에서 이루어지는 행위'를 말한다.

수학적 사고에 대한 정의다. 학창 시절 수학 문제를 풀 때 머릿속에서는 어떤 행위가 이루어졌을 것이다. 그것을 언어로 정리하면 다음 다섯 가지로 요약할 수 있다.

- 정의
- 분해
- 비교
- 구조화
- 모델화

이 다섯 가지를 조합해서 생각하는 행동이 수학적 사고다. 다소 어렵고 생소한 표현으로 느껴지겠지만 걱정할 필요는 없다. 결코 특별하거나 새로운 사고방식이 아니라 일상에서 무의식중에 일어나는 행위다. 이 중에서 '비교'는 가장 쉬운 예다. 물건을 살 때 매력적인 상품이 2개 있으면 우리는 망설인다. 바로 이 행위가 비교다. 그리고 일상생활에서 비유나 예화를 사용해서 말하는 일이 많다. 비유나 예화는 머릿속에서 '구조화'라고 하는 행위를 통해서 떠오르는 것이다.

아직 다섯 가지 행위의 의미는 물론, 실제로 수학에서 어떻게 사용되는지 명확하게 이해되지는 않을 것이다. 지금부터 각각의 행위에 대해서 간단하게 설명한다. 정확한 의미를 파악하는 것은 습득의 절대 조건이기 때문이다.

정의

정의는 'A는 ~이다'라고 규정하는 것이다. 수학은 먼저 정의를 내리지 않고는 시작할 수 없다. 예를 들어 소수(素數)에 대해 연구한다면 우선 소수란 무엇인지를 명확히 규정해야 하고 삼각형의 성질을 밝히기 위해서는 삼각형이란 어떤 도형인가를 명확하게 규정해 예외를 인정하지 않아야 한다. 참고로 일반적인 소수의 정의, 삼각형의 정의는 다음과 같다.

소수 : 1보다 큰 자연수 중에서 1과 그 자신만으로 나누어떨어지는 2 이상의 자연수다.
삼각형 : 한 평면상에 있고 일직선상에는 없는 3개의 점과 그것을 연결하는 3개의 선분으로 이루어진 도형이다.

수학은 정의되지 않는 것을 취급할 수 없으며 논의나 설명이 허용되지 않는다. 다시 말해서 '수학에는 정의되지 않는 소재로는 소통할 수 없다'는 절대적인 원칙이 존재한다. 현재 시점에서는 '어쨌든 처음에는 정의가 필요하다'라는 감각만 익히면 된다.

분해
인수분해
미분·적분

수학에는 이런 용어도 있다는 것을 기억할 것이다. 여기에서 공통된 것은 '나누기'다. 수학에서는 나누는 것만으로도 문제가 해결되거나 어려운 설명이 아주 쉬운 설명으로 바뀐다. 예를 들어 오른쪽 박스 안 도형의 면적을 구하라고 한다면 당신은 먼저 이 도형을 반원과 직사각형으로 나누

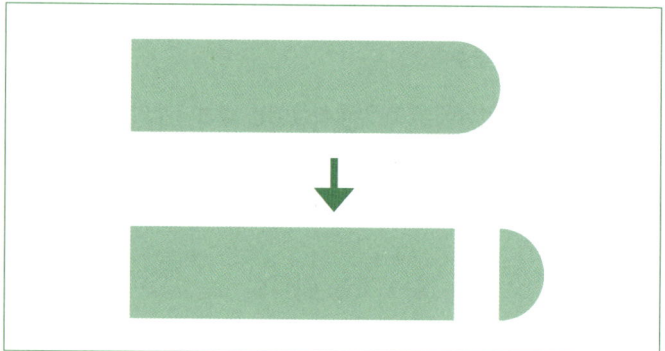

어야 한다는 생각이 떠오를 것이다. 이처럼 분해란 수학에서 매우 기본적인 행위라고 할 수 있다.

비교

단순한 이야기지만 수학은 대부분 숫자를 사용한다. 숫자는 비교가 가능하고 크고 작음을 분명히 표현할 수 있는 유일한 언어다.

$$= \quad < \quad \geqq \quad \neq$$

위의 기호는 수학에서 많이 사용되는 것인데 모두 비교를 의미한다는 것에 의심의 여지가 없다. 앞에서 소개한 방정식을 떠올려보라.

$$x^2 - 5x + 6 = 0$$

이 한 줄의 식도 사실은 등호(=)의 왼쪽과 오른쪽을 비교하는 표현이라고 할 수 있다. 그런 의미에서 수학에서 비교는 없어서는 안 된다.

구조화

빌딩 등의 건물에는 '구조'가 있고 인간의 몸에는 머리, 몸통, 팔, 다리라는 것이 연결된 공통의 '구조'가 있다. 수학에도 사물을 구조로 인식하는 측면이 있다. 앞에서 설명한 분해에서 소개한 도형의 예를 떠올려보자. 도형의 면적을 구하기 위해서 도형을 반원과 직사각형으로 나누었다. 이것은 도형이 반원과 직사각형이 붙어 있는 '구조'로 되어 있다고 인식했기 때문에 할 수 있는 발상이다.

구조화란 도형 문제에만 국한되는 것이 아니다. 다음 2개의 수식을 살펴보자.

A: $1,000x + 1,000 = 100,000$

B: $x + 1 = 100$

자세히 살펴보면 알 수 있듯이 A식은 B식을 1,000배 한 것이다. 다시 말해서 2개의 식은 같은 '짜임새'를 한, 구조적으로 같은 식이다. 구조적으로 같은 이 2개의 방정식은 답도 같다. 그렇다면 자릿수가 많은 A식보다 간단해 보이는 B식의 상태에서 처리하는 것이 훨씬 더 편하다.

A는 어렵다.

↓

같은 구조의 다른 것인 B를 발견했다.

↓

B는 쉽다.

분명히 수학 시간에 이와 비슷한 행위를 한 기억이 있다. 자각하지는 못했지만 그 행위에는 구조로 인식한다는 본질이 포함된다.

모델화

모델화라는 말을 교과서적으로 정의하면 '어떤 사실과 현상에 대해 여러 요소와 그들 상호 간의 관계를 규정하는 일'이다. 이 설명만으로는 아직 확실한 이해가 되지 않는다. 그래서 이 책에서는 '모델화'를 조금 더 쉬운 말로 어떤 것을 정형화시키는 '틀'로 규정한다. '틀'이라는 것은 '이런 식으로 되어 있어요'라고 설명할 수 있는 상태로 만드는 것이다. 수학은 설명이라고 앞에서 언급했는데 모델화라는 행위는 바로 무언가를 설명하는 상태로 만드는 것이라고 할 수 있다. 예를 들면 마케팅 세계에서 통용되는 법칙 중 하나를 살펴보자.

> 모든 기업에는 생산성 높은(유능한) 직원이 20퍼센트, 비효율적인 (무능한) 직원이 20퍼센트, 어느 쪽도 아닌 직원이 60퍼센트 존재한다.

위의 법칙은 '기업이라는 조직은 이런 식으로 되어 있어요'라고 설명하는 것으로 바로 이것이 '틀'이다.

앞에서 피타고라스의 정리를 소개했다. 거기에 등장하는 세 변(a, b, c)의 길이에 관한 공식은 모든 직각삼각형에 적용되는 정형화된 '틀'이다. 아울러 '직각삼각형의 세 변의 길이는 이런 관계로 되어 있다'고 설명하고 있다.

수학 시간에 공부한 다양한 정리나 공식은 사실 모델화의 산물이다. 이것을 사용해서 시험문제를 푸는 것을 수학이라고 하는 것이 아니라 이런 틀을 스스로 만드는 일, 그리고 그것을 설명하는 일이 수학이다.

수학적 사고 =
정의 × (분해 + 비교) × (구조화 + 모델화)

지금까지 다섯 가지 행위의 의미에 대해서 간단하게 알아보았다. 이 책은 다섯 가지 행위를 축으로 말하기를 훈련하는 구성이다. 다섯 가지의 수학적 사고이기 때문에 수학적 화법에도 다섯 가지가 모두 반영된다. 그렇다고 새삼스럽게 수학 교과서를 펼칠 필요는 없다. 수학적 화법을 습득하는 것으로 충분하다. 그러므로 이 다섯 가지 행위만 몸에 잘 익히면 된다.

수학적 사고란 '수학을 할 때 머릿속에서 이루어지는 행위'다.
구체적으로는 다음 한 줄로 표현할 수 있다.
수학적 사고 = 정의 × (분해 + 비교) × (구조화 + 모델화)

지금까지 내용을 정리했다. 마지막 줄의 수수께끼 같은 수식에 대해서 조금 보충 설명하자면 이것은 수학적 사고의 정체성을 설명하는 나의 독창적인 표현이다.

수학에 대해서 구체적으로 설명하자면 먼저 정의한 후에 분석하고 마지막에 체계화시킴으로써 사물을 설명하는 학문이라고 할 수 있다. 또 분석이란 구체적으로는 분해와 비교로 성립되며 체계화란 구조화와 모델화로 성립된다.

정의한다 → 분석한다(분해와 비교) → 체계화시킨다(구조화와 모델화)

일련의 설명에서 →(화살표)를 곱하기로 표현하고 (　) 속의 '와'를 더하기로 표현하면 다음과 같다.

수학적 사고 = 정의 × (분해 + 비교) × (구조화 + 모델화)

설득력 있는 화법

마지막으로 수학적 화법의 장점에 대해서 이야기하자. 앞에서도 언급했듯이 나에게 말하기를 가르쳐준 것은 사람이 아니라 수학이었다. 수학을 하다 보면 '아, 그렇구나!'를 외치며 깨닫는 순간이 많다.

교과서 내용이 이해되었을 때

요령을 터득했을 때

A라는 단원과 B라는 단원의 연결 고리를 깨달았을 때

이 순간이 나에게는 쾌감이고 수학에 빠져들었던 계기가 아니었을까 생각한다. 이 에피소드가 가르쳐주는 것은 오직 다음 한 가지다.

'수학적'인 것은 우리에게 '깨달음'을 선물한다.

당연한 이야기지만 우리는 수학을 할 때 수학적 사고를 사용한다. 수학적 사고란 다섯 가지 행위의 조합이다. 다섯 가지 행위를 통해 '깨달음'의 순간이 다가온다. 즉, 다섯 가지 행위를 말하기로 전환하면 대화하는 상대방에게도 '깨달음'의 순간을 제공할 수 있다.

수학적 화법의 장점은 설득력 있는 설명이 가능하다는 것이다. 설득력 있는 설명이 가능해지면 상대가 '예'라고 말하거나 기대한 대로 움직이기도 한다. 특히 직장인에게 매력적인 일이다. 또 상대가 '아, 정말 그렇군요!'라고 반응하는 순간에 느끼는 기쁨은 말로 설명하지 않아도 누구나 경험으로 알 수 있다.

다음 장부터는 구체적으로 틀을 제시하고 설명하는 훈련을 한다. 학문으로서의 수학에 관한 화제나 수식은 거의 등장하지 않는다. 당신의 말하기 능력이 바로 변할 수 있도록 즐겁게 훈련하자.

CHAPTER 2

수학적 화법이란?

성공한 사람의 화법을 과학화하자

성공한 사람들의 화법

지금부터는 말하기 '틀'을 살펴보자. 기업에서 연수 강의나 취재할 때 거의 무의식적으로 사용하는 틀이다. 다음 내용을 잘 이해하고 체득하면 자연스럽게 체계화된 말하기 틀이 잡힌다. 이른바 저명인사라 불리는 성공한 사람들의 말하기 영상을 관찰해 그들도 이 책에서 소개하는 방법으로 말한다는 것을 확인했다. 그들의 공통점은 '똑똑한 사람'이라는 것이다. 또한 저명인사뿐 아니라 각종 매체에서 활약하고 있는 해설가와 평론가의 화법도 관찰했다.

토요타 아키오(토요타 자동차 사장)

니시무라 히로유키(사업가)

스즈키 이치로(전 야구선수)

하야시 오사무(탤런트·입시 학원 강사)

스포츠 : 도다 카즈유키(축구 해설가), 타메스에 다이(육상 해설가)

비즈니스 : 모리오카 츠요시(사업가), 카츠마 가즈요(평론가)

교육 : 나리타 유스케(예일 대학 조교수), 미야타 히로아키(게이오 대학 교수)

이들을 관찰하기로 결정한 데는 이유가 있다. 나는 '똑똑한 사람'을 '설명을 잘하는 사람'으로 정의했다. 이 세상에는 '똑똑한 사람'에 대한 무수히 많은 정의가 존재할 것이다. 하지만 보통 사람들은 '똑똑한 사람'이라는 말에서 '무엇이든지 알기 쉽게 설명을 잘하는 사람'이라는 이미지를 떠올린다. 그래서 나는 '똑똑한 사람'이란 '사물이나 사건을 알기 쉽게 설명할 수 있는 사람'으로 정의했다.

이들처럼 매스컴에서 활약하고 있거나 압도적인 팬클럽을 거느린 유명 인사를 선정한 것에는 또 다른 이유도 있다. 말을 잘 못하는 사람은 어떤 매체에서도 캐스팅하지 않는다. 말을 잘하는 사람이라는 평가를 받기 때문에 매스컴에 등장하는 것이다. 압도적인 팬클럽을 형성한 스포츠 선수나 인플루언서도 결코 그들의 외모나 SNS에 올리는 글을 통해서 팬을 확보하는 것이 아니다. 설득력 있게 말하는 모습을 사람들에게 공개하고 그 모습에 공감하는 사람들이 팬이 된다.

특히 해설가와 평론가의 공통점은 '쉽게 설명'하는 것으로 정평이 난 사람이라는 점이다. 나는 그들이 하는 이야기를 듣고 '아, 정말 그렇구나!'라고 느끼는 순간이 많았다. 예를 들면 축구 해설가 중에도 여러 유형이 있다. 열성적으로 중계하면서 분위기를 고조시키는 유형이 있는가 하면 언제나 냉철하게 분석하고 논리적으로 해설하는 유형도 있다. 이는 어느 쪽이 좋고 나쁜 것이 아니라 해설 스타일이 다를 뿐이다. 다만 이 책의 맥락상 후자가 본보기로 좋아 그 대표 격 인물인 축구 해설가 도다 카즈유키를 선택했다.

지금부터는 그들이 현장에서 실제로 했던 대화와 그 내용을 예로 들어 설명한다. '똑똑한 사람'의 화법을 관찰하다 보면 공통점이나 포인트를 발견할 수 있다. 그것은 전혀 어려운 것이 아니고 매우 기본적이어서 누구나 바로 따라 할 수 있다. 다음은 구체적인 말하기의 '틀'을 설명하고 있다.

도입 → 주장 → 해설 → 결론

과학화된 화법으로 이야기하기 위해서는 다음과 같은 말하기 '틀'을 사용할 것을 권한다.

도입 → 주장 → 해설 → 결론

도입은 본론으로 들어가기 전에 필요한 경우 사용한다. 주장은 그 내용의 주된 메시지다. 그다음은 내용을 해설하고 마지막에 정리하는 의미로 결론을 말한다. 주장과 결론은 기본적으로 같은 내용이다. 간단한 예를 하나 살펴보자. 구직 활동을 하는 학생이 면접관에게 자신의 장점에 대해서 이야기하고 있다.

> 주변에서 저에 대한 평가로 자주 듣는 말로 '저의 장점'을 정리해서 말씀드리겠습니다. (도입)
> 저의 장점은 실행력입니다. (주장)
> 두 가지 에피소드를 소개하겠습니다. 첫째, 다양한 아르바이트를 하면서 적극적으로 새로운 일에 도전하고 있습니다. 둘째, 대학에서 제가 새로운 동아리를 만들었는데 회원이 한 달

만에 100명을 넘어섰습니다. (해설)

남들이 귀찮아 하는 일도 개의치 않고 바로 행동에 옮기는 실행력이 저의 장점 중 하나입니다. (결론)

위의 예시를 읽고 무슨 말을 하고 싶은지 모르겠다고 생각하는 사람은 아마도 없을 것이다. 따라서 이것은 누구나 쉽게 이해되는 말을 하기 위한 기본적인 틀이라고 할 수 있다. 물론 항상 이런 틀을 갖추어서 말하라는 것은 아니다. 가족이나 친구들과 수다를 떨 때는 좋아하는 스타일로 자유롭게 말하면 된다. 이때는 예의를 차려 말하는 것이 오히려 부자연스럽다.

하지만 구직 활동의 면접처럼 예의를 갖추어 말해야 할 때는 튀는 행동보다는 기본에 충실하게, 가능한 이런 틀을 갖추어 말하는 것이 좋다. 상대방에게 예의 바르다는 인상을 주어서 손해 볼 일은 없다. 연습 문제를 하나 풀어보자. 구직 활동을 하는 학생의 예와 똑같이 구성하면 된다.

【실전 문제 1】
'당신의 장점은 무엇인가요?'라는 질문에 대해 말해보자. 단, '도입 → 주장 → 해설 → 결론'의 말하기 틀 순서대로 예의를

> 갖추어 말한다.

이 책은 훈련이 목적이므로 문제가 자주 등장한다. 건너뛰어도 무방하지만 되도록 시간을 내서 꼭 연습할 것을 권한다. 이해하는 것과 실제로 말하는 것은 전혀 다른 문제다. 실제로 말하기를 해보아야 몸으로 체득했는지 확인할 수 있다. 물론 부담이 되지 않는 선에서 즐기면서 연습하자.

수학 논술은 어떻게 소통될까?

'도입 → 주장 → 해설 → 결론'은 실제로 수학 논술에서 많이 사용된다. 다음 문제를 풀어보자.

> **【실전 문제 2】**
> 짝수와 짝수를 더하면 반드시 짝수가 되는 이유를 설명하자.
> 단, '도입 → 주장 → 해설 → 결론'의 순서로 설명한다.

'짝수와 짝수를 더하면 짝수가 되는 것이 당연한 거 아닌가?'라고 흔히 생각할 수 있다. 하지만 수학이란 이렇게 직감적으로 당연한 것도 논리적으로 옳다는 것을 확인시키는 학문이다. 이른바 교과서적인 모범 답안은 다음과 같다.

> 먼저 짝수란 어떤 자연수 n에 대해서 2n이라고 표현할 수 있는 수라고 정의한다. (도입)
> 이때 짝수와 짝수를 더하면 반드시 짝수가 된다. (주장)
> M과 N을 짝수라고 하면 이 둘은 어떤 자연수 m과 n을 이용해서 이렇게 표현할 수 있다.
> M = 2m, N = 2n
> 따라서 M + N = 2m + 2n = 2(m + n)
> m과 n은 자연수이므로 (m + n)도 자연수가 된다.
> 따라서 (M + N)도 짝수가 된다. (해설)
> 이처럼 나의 주장대로 짝수와 짝수는 더하면 반드시 짝수가 된다. (결론)

구직 활동을 하는 학생의 예와 비교해보자. 둘 다 '도입 → 주장 → 해설 → 결론'이라는 틀로 설명하고 있다. 누구나 사용하는 이 틀은 지극히 수학적인 소통 기술이다. 그렇다면 이 틀과 앞에서 말한 '정의 · 분해 · 비교 · 구조화 · 모델화'가 어떻게 연결되는지 지금부터 설명한다.

도입과 해설이 전부다

 기본 틀을 구성하는 도입, 주장, 해설, 결론에 대해 확인하자. 이 중에서 말하기 내용을 생각할 때 고민할 필요가 없는 부분이 두 곳 있다. 바로 주장과 결론이다. 예를 들면 구직 활동 학생의 예에서도 '실행력이 장점이다'라고 주장하고 싶은 사실이 이미 정해져 있기 때문에 여기에 대해서는 생각하거나 고민할 필요가 없다. 즉, 우리가 말을 할 때 고민해야 할 것은 도입과 해설이다.

도입에서 고민할 요점
→ 본론에 들어가기 전에 미리 말해야 할 것이 있는가?

해설에서 고민할 요점
→ 어떻게 설명해야 나의 주장을 상대방에게 납득시킬 수 있을까?

 말하기에서 차이가 발생하는 것은 이 두 가지 중 하나이거나 둘 다다. 따라서 도입과 해설의 설명 방식이 말하기의 전부라고 할 수 있다. 그렇다면 어떻게 해야 도입과 해설의 질적 수준을 높일 수 있을까? 이에 대한 답이 바로 '정의·

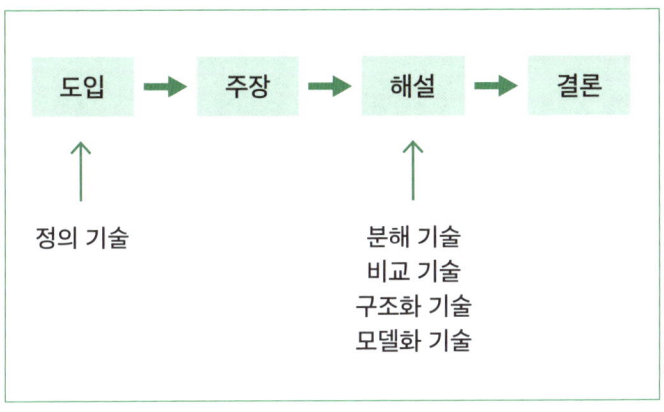

분해 · 비교 · 구조화 · 모델화'다. 구체적으로는 다음과 같이 연결된다.

도입에서 할 일 : 정의한다.
해설에서 할 일 : 분해 · 비교 · 구조화 · 모델화를 조합한다.

먼저 도입에서는 주장을 할 때 필요한 정의를 내린다. 정의란 'A는 ~이다'라고 정하는 것이다. 실전 문제 2에서는 먼저 짝수란 어떤 수인지에 대해 정의를 내렸다. 이것을 하지 않으면 '짝수와 짝수를 더하면 짝수가 된다'라는 주장조차 할 수 없다. 수학이란 정의를 내리지 않으면 시작조차 할 수 없는 학문이라고 앞에서도 언급했는데 여기서 그 사실을 다시 한 번 강조한다.

주변에서 저에 대한 평가로 자주 듣는 말로 '저의 장점'을 정리해서 말씀드리겠습니다. (도입)

구직 활동을 하는 학생의 예에서 표현한 도입 문장이다. 어떤 관점에서 '나의 장점'을 서술하는가 하는 것을 설명한 문장인데 '자신의 장점이란 주변에서 자신에 대한 평가로 자주 듣는 말'이라 정의하고 있다. 즉, 'A는 ~이다'라는 정보를 전달한다.

두 가지 에피소드를 소개하겠습니다. 첫째, 다양한 아르바이트를 하면서 적극적으로 새로운 일에 도전하고 있습니다. 둘째, 대학에서 제가 새로운 동아리를 만들었는데 회원이 한 달 만에 100명을 넘어섰습니다. (해설)

다음은 해설에 대해서 설명한다. 앞의 문장은 구직 활동을 하는 학생의 예에서 표현한 해설이다. 이 부분은 두 가지 요소로 분해되어 있다. 아르바이트 이야기와 동아리 이야기다. 일반적으로 '포인트는 세 가지입니다'와 같은 표현은 비즈니스 대화에서 흔히 사용하는 상투적 표현이며 이해가 쉬운 장점이 있다. 누구나 쉽게 할 수 있는 평범한 행위이고 여기에도 분해라는 수학적인 행위가 숨어 있다. 연습 문제 2의 해설에서 수학적 사고가 활용되었다는 것은 의심의 여지가 없다. 정리하는 의미로 다시 한 번 여기에 결론을 적는다.

도입에서 할 일 : 정의한다.

해설에서 할 일 : 분해 · 비교 · 구조화 · 모델화를 조합한다.

수학적 화법의 틀

사실 앞의 설명도 결국 '도입 → 주장 → 해설 → 결론'의 순서대로 말한다는 것을 눈치챘을 것이다. 49페이지의 '구체적으로는 다음과 같이 연결된다'라는 문장을 주목하자. 바로 이 부분이 주장을 서술한 장면이다.

이 주장에는 새로운 정의가 필요한 개념이나 말은 특별히 없기 때문에 여기에서 도입은 생략하고 바로 본론으로 들어갔다. 그 후 해설이 이어졌다. 여기서 해설은 2개로 분해해서 전달하고 있다. 구체적으로는 먼저 '도입'에 대해서 앞에서 소개한 실전 문제를 가져와 설명하고 '해설'에 대해서도 비슷한 스타일로 설명한다. 그리고 '정리하는 의미로 다시 한 번 여기에 결론을 적는다'라고 마무리했다.

이 책에서 제안하는 수학적 화법의 틀이 '도입 → 주장 → 해설 → 결론'이라는 것을 이제는 이해했으리라고 생각한다. 내용의 질은 주장(=결론)에서 결정되는 것이 아니라 도입과 해설로 결정된다. 도입에서 해야 할 행위는 '정의하기'이며 해설은 분해·비교·구조화·모델화의 네 가지를 '조합하는 것'이다. 이상의 내용을 다음과 같이 정리해서 표현한다.

수학적 화법
= 도입 × 해설
= 정의 × (분해 + 비교) × (구조화 + 모델화)

한편 1장에서 언급한 다음 한 줄을 떠올려보자.
수학적 사고 = 정의 × (분해 + 비교) × (구조화 + 모델화)

자, 어떤가? 둘은 똑같은 표현이다. 말하기는 '사고'로 결

정된다는 것, 수학적 화법은 수학적 사고에 의해서 만들어
진다는 내용이 모두 설명(수학적으로 표현한다면 증명)되었다.

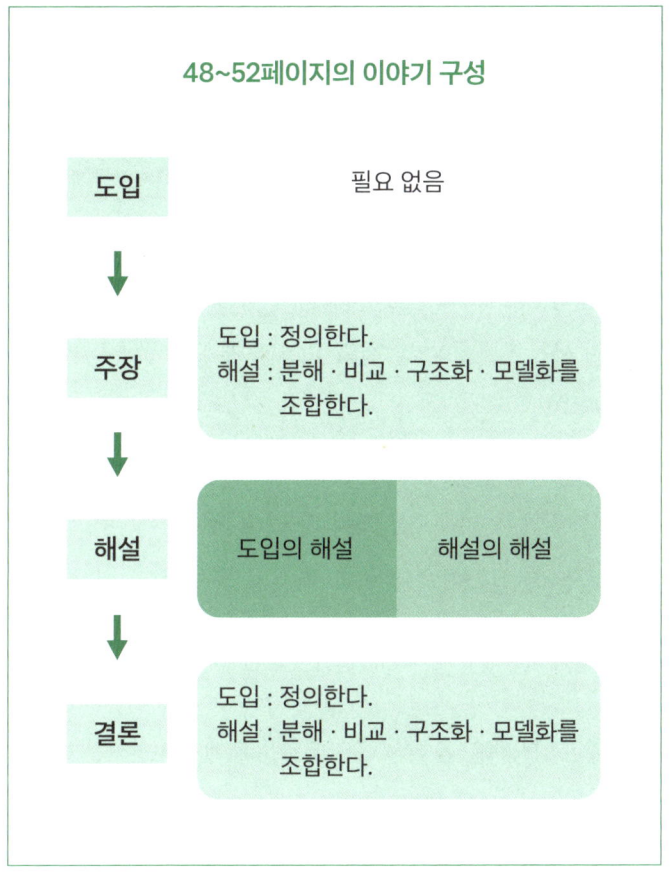

토요타 아키오 사장의 화법

한 가지 사례를 소개한다. 2019년 1월 8일, 토요타 자동차의 토요타 아키오 사장이 본사에서 발표한 신년사 내용이다. 이 사례를 소개하는 이유는 스피치가 영상화되어 있어 유튜브에서 누구나 시청할 수 있기 때문이다. 토요타 자동차 직원뿐 아니라 누구나 볼 수 있다. 다시 말해서 그만큼 토요타 자동차는 물론 토요타 자동차 사장도 '메시지가 잘 전달되었다'고 확신했기 때문에 공개했을 것이다. 나도 영상을 시청했는데 마침 책의 내용과 부합하기에 여기에서 소개한다.

토요타 자동차 사장은 직원들 앞에서 '프로를 지향하라', '자신을 위해서 더욱 갈고닦아라'라고 말하면서 변화의 시대를 사는 직원들에게 강렬한 메시지를 전했다. 다음 예시는 신년사를 요약한 것이다.

올해는 인사 제도를 개혁해서 새로운 체제가 시작되는 해입니다. 오늘은 저의 생각을 직접 여러분에게 전달하도록 하겠습니다. (도입)
이번에 단행한 인사 제도의 목적에 대한 개인적인 생각을 말씀드리면 '모두 프로가 되자'라는 것입니다. 프로란 '전문성'과 '인간력(人間力)'을 겸비한 사람을 말합니다. (주장)

토요타 그룹에는 '기능(技能) 담당'이라는 직종이 있습니다. 그 현장을 통괄하는 리더는 숙련된 '기능'과 '인간력'을 겸비한 프로 중의 프로이며 친근함과 존경의 마음을 담아 '오야지(아버지를 일컫는 말로 직장의 책임자를 친근하게 부를 때 사용하기도 한다_옮긴이)'라 불립니다. 2018년 겨울 오야지들을 한자리에 모아 회식을 했습니다. 그런데 5분 만에 그들이 서로 통하는 모습을 보고 토요타라는 회사 전체가 이런 분위기라면 정말 좋겠다는 생각을 했습니다.

왜 오야지들은 눈빛만 봐도 서로 통하는 것일까요? 그것은 '기능'이라는 공통 언어를 가진 프로이기 때문입니다. 어떤 기능을 지닌 사람은 상대가 그 기능을 습득하기 위해 얼마만큼 노력했는지를 잘 알고 있습니다. 따라서 처음 만나는 자리에서도 자연스럽게 서로를 존경하는 관계가 구축되는 것이지요. 그것이 바로 '인간력'이며 '오야지가 움직이면 현장이 움직인다'라는 말을 하는 이유입니다. (해설)

앞으로 인사 제도의 높은 직위가 성장 목표가 아닌 시대가 옵니다. 한계는 타인이 결정하는 것이 아니라 스스로가 결정하는 것입니다. 나이와 상관없이 스스로가 종지부를 찍지 않는

한 프로의 길은 계속됩니다. 여러분은 자신을 위해서 스스로 갈고닦기를 바랍니다. 토요타의 간판 없이도 세상에서 승부할 수 있는 프로를 목표로 하십시오.

저희 임원진은 프로로 어디에서나 일할 수 있는 실력을 갖춘 여러분이 그래도 토요타에서 일하고 싶다는 생각을 가질 수 있는 환경을 구축하기 위해 노력하겠습니다. 타인과 과거는 바꿀 수 없지만 자신과 미래는 바꿀 수 있습니다.

여러분! 함께 토요타의 미래를 만들어 나갑시다. 분발합시다! 파이팅 합시다! (결론)

【참고】토요타임즈

토요타 아키오 사장은 도입에서 앞으로 자신이 할 말이 어떤 내용인지를 분명하게 밝혔다. 새로운 체제가 시작되기 전에 자기 생각을 전달하는 자리라고 말하는데 이것은 이 시간이 무엇을 목적으로 한 것인지를 정의하는 과정이라고 할 수 있다. 이렇게 정의하는 단계를 거치지 않고 갑자기 본론으로 들어가면 청중은 '지금 무슨 이야기를 하고 있는 거지?', '이 연설의 목적이 무엇일까?' 하며 당혹감을 느끼게 된다.

그리고 다음에는 주장을 분명하게 전달해 연설에서 자신이 무엇을 말하고 싶은지를 명확하게 밝혔다. '모두 프로가 되자'라는 지극히 간결하면서도 강렬한 메시지다. 이어서 그 메시지를 설득하기 위한 해설이 이어진다. 해설은 크게 세 가지 요소로 분해되어 있다.

- 토요타 그룹에는 '오야지'라 불리는 사람들이 있다는 것
- 오야지들이 한자리에 모였다는 것
- 오야지들이 바로 통했던 가장 큰 이유

토요타 사장은 이 세 가지 요소를 활용해서 오야지에 대해 경의를 표하고 그들이 프로라는 사실을 설명한다. 또한 토요타 사장은 오야지의 이야기를 통해서 프로인 사람과 그렇지 않은 사람의 차이를 비교해서 말하고 있다고 느꼈다. 즉, 토요타 사장은 드러나게 비교 대상을 거론하지는 않았지만 실제 비교로 메시지를 전달했다. 정리를 하면 해설에는 분해와 비교가 사용되었다는 것이다. 마지막으로 결론은 주장에 해당하는 '모두 프로가 되자'라는 메시지와 거의 같다.

해설만 읽으면 토요타 사장의 연설은 지극히 당연한 이

야기를 쉽게 하고 있다고 느껴진다. 하지만 몇 십만 명 앞에서 연설하는 상황에서 이토록 기본에 충실하게 수학적으로 이야기한다는 것은 대단한 일이다. 매우 수준 높은 연설이며 책에서 말하는 내용을 그대로 실천하고 있다.

독서의 매력을 수학적으로 설명하라

여러 번 반복하지만 나중에 해설을 듣고 이해하는 것과 실제로 사람들 앞에서 그것을 실천하는 것은 다른 차원의 문제다. 후자는 난이도가 높다. 그래서 지금부터는 문제 풀이 시간을 가진다.

> 【실전 문제 3】
> '독서의 매력'에 대해서 수학적으로 말해보자.

지금 이 책을 읽고 있는 당신은 분명히 독서에 대해서 긍정적인 생각을 가지고 있을 것이다. 따라서 '독서의 매력'에 대해서 이야기하는 것이 가능할 것이라고 생각한다. 먼저 도입에서 어떤 이야기를 하고 어떻게 주장을 제시하며 어떤 해설을 거쳐서 이야기를 마무리 지을 것인가? 앞에서 배운 '틀'을 준수해 토요타 사장처럼 수많은 청중 앞에서 이야기하는 자신을 상상하며 연습한다. 연습을 사람들 앞에서 하는 것도 좋고 혼자서 조용히 하는 것도 좋다. 모범 답안은 없다. 하지만 사람들 앞에서 연습할 때는 상대방에게 의사가 잘 전달되었는지, 상대방이 제대로 내 말을 알아들었는지 꼭 확인하자.

【실전 문제 4】
당신에게는 '~가 되자!'라고 말하고 싶은 사람이 있다.
그 내용이 실제로 잘 전달될 수 있도록 수학적 화법으로 말해 보자.

즉, 앞에서 언급한 토요타 사장과 똑같이 해보라는 말이다.

"이 일을 나와 함께 했으면 좋겠어."
"일을 제대로 한번 해보자."
"내 여자 친구가 되어줘."

누구에게나 인생에서 이런 말을 해야 할 순간이 분명히

있다. 한 가지 분명한 것은 그런 순간이 당신의 인생에서 매우 중요한 장면이라는 것이다. 상대방에게 자신의 의사를 분명하게 전달하고 설득할 필요가 있는 순간에 말을 잘하는 것은 매우 중요하다. 토요타 사장의 경우는 '모두 프로가 되자'였지만 당신의 주장은 무엇인가?

말하기의 다섯 가지 필수 과목

앞에서 실전 문제 2개를 풀었다. 당연한 말이지만 말하기는 연습하지 않으면 좀처럼 늘지 않는다. 앞으로도 실전 문제가 계속 나오는데 꼭 시간을 들여서 연습하기를 바란다.

이제 지금까지의 내용을 정리한다. 수학적 화법은 다음 한 줄로 요약할 수 있다.

수학적 화법 = 정의 × (분해 + 비교) × (구조화 + 모델화)

당신이 이 한 줄의 내용을 인식했다면 앞으로 해야 할 일은 분명하다. 정의·분해·비교·구조화·모델화의 다섯 가지 행위를 정확하게 이해하고 체득해서 말하는 데 접목

시킨다. 다섯 가지 행위가 말을 할 때 자연스럽게 녹아들려면 철저한 훈련이 필요하다. 앞으로 실전 문제를 통해서 많은 연습을 한다.

이런 행동은 학창 시절에 공부한 필수 다섯 과목 학습에 가까운 감각이다. 내가 중학생이었을 때는 필수 다섯 과목이라 불리는 국어·수학·영어·과학·사회의 성적이 매우 중요해서 고등학교 입시 때도 이 다섯 과목의 시험을 치렀다. 이것은 우리가 어른이 되고 세상 속에 나가기 위한 필수 의식이었다고 생각한다. 고등학교 입시에서 요구되는 것은 어느 한 과목만 특출하게 잘해서 100점이고 나머지는 0점이라는 결과가 아니라 평균적으로 골고루 높은 점수를 받는 것이었다.

지금 우리가 새롭게 배우려는 말하기라는 주제도 이런 감각이 필요하다. 기본이 되는 것은 정의·분해·비교·구조화·모델화의 다섯 가지 행위이지만 어느 하나를 특출하게 잘하고 나머지는 못해도 되는 것이 아니라 모두 평균적으로 높은 수준의 실력을 요구한다. 다섯 가지 행위 어느 것 하나에 치우치지 않게 골고루 연습해서 '똑똑한 사람'의 말하기를 체득하자.

+ < = ± × ÷ ← → ⇔ ∈ ∃

CHAPTER 3

정의한 후에 말하라

성공한 사람들의 도입 화법

비즈니스 커뮤니케이션은 100미터 달리기와 같다

비즈니스 커뮤니케이션은 100미터 달리기와 매우 흡사하다. 100미터 달리기는 스타트를 잘 끊은 선수일수록 유리하다. 출발선에서 실수하면 결승선에 도착할 때까지 만회하기가 무척 힘들다. 특히 비즈니스 현장에서는 단시간에 요점을 분명하게 전달해야 하는 상황이 자주 발생한다.

2장에서 설명했듯이 우리가 일상에서 하는 말에는 주장이 있고 그전에는 도입이 있다. 도입에서는 정의라는 수학적인 행위가 필요하다. 구체적으로 무엇을 어떻게 정의하면 될까? 지금부터 설명한다. 포인트는 크게 두 가지다.

- 말을 정의한다.
- 장(場, 어떤 일이 행해지는 곳)을 정의한다.

먼저 말을 정의한다는 것에 대해서 알아보자. 당신이 말하는 내용에 상대방이 모르는 단어가 포함되어 있다면 그 내용은 과연 상대방에게 제대로 전달될 수 있을까? 아마 어려울 것이다. 구체적인 예를 하나 살펴보자.

이진수 { 0, 1 }로 구성되는 부호를 이진 코드(binary code)라고 하고, q진수처럼 q개의 진수 { a^1, a^2....., a^q }로 구성되는 부호를 q진 코드라고 한다.

이것은 부호이론 입문서에 있던 문장이다. 뜬금없이 이런 이야기를 꺼내면 아마도 당황스러울 것이다. 왜냐하면 당신의 지식 여부를 떠나 모르는 말이 포함되어 있기 때문이다. 도대체 진수란 무엇이고 부호는 또 무엇인가? 이 말에 대한 정의를 모르면 우리는 이 말을 이해할 수 없다. 따라서 수학의 세계에서는 이런 것을 논하기 전에 반드시 말의 정의를 밝히는 것이 관례이고 상식이다.

본론으로 들어가자면 이처럼 수학 세계의 상식이 당신의

일상 회화나 비즈니스 대화에서도 상식이 되기를 바란다. 사람들은 자신이 모르는 말이 포함된 이야기 듣기를 불편해 한다. 당신이 부호이론에 관한 두 줄의 정의를 읽었을 때 감정을 떠올려보라. 수학에 정통한 사람이 아니라면 당혹감과 불쾌함을 감출 수 없었을 것이다. 당신의 말을 듣는 상대 또한 낯선 단어에 당혹감을 느낄 수 있다는 점을 깨달아야 한다. 여기서 해야 할 일은 딱 한 가지다. 상대가 모르거나 모를 가능성이 있는 말은 서두에서 먼저 정의해서 전달해야 한다.

경제 평론가의 도입 화법

경제 평론가인 카츠마 가즈요는 자신의 유튜브 채널을 통해 많은 정보를 올리고 있다. 카츠마의 말하기는 매우 수학적이며 특히 도입 부분이 명확하다. 예를 들면 '마운팅하고 싶어지는 마음을 억누르는 방법'이라는 주제로 5분 정도 이야기한 영상이 있는데 그때의 도입 부분을 간단하게 재구성했다.

안녕하세요? 카츠마 가즈요입니다. 오늘은 마운팅 하고 싶은 마음을 억누르는 방법에 대해서 이야기를 하려고 합니다. 우선 마운팅이 뭘까요? 마운팅이란 타인보다 자신이 우위에 있다는 것을 표현하는 것으로 그 행위를 통해 자신의 기분을 전환하려는 행동입니다.

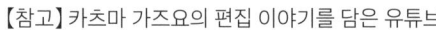
【참고】카츠마 가즈요의 편집 이야기를 담은 유튜브

만약 이 말을 듣는 사람이 '마운팅'이라는 단어의 뜻을 제대로 알고 있지 않다면 다음 5분간의 이야기는 전혀 이해할 수가 없다. 그렇다면 이야기를 듣는 사람은 물론 이야기를 하는 카츠마도 전혀 만족스럽지 않다. 따라서 카츠마는 항상 도입 부분에서 상대방이 모를 수 있는 말에 대해 정의한 후에 본론으로 들어가는 식으로 진행한다. 위 사례에서도 '마운팅'이란 무엇인지를 명확하게 정의한 후 본론으로 들어갔다.

안녕하세요? 카츠마 가즈요입니다. 오늘은 '누가 나를 디스하면 원칙적으로 무시하라'는 주제로 이야기를 하려고 합니다. 여기서 '디스하다'라는 게 무슨 말일까요? 디스하다는 다양한 방식으로 상대를 모욕 또는 비방하는 것을 의미합니다. 그렇다면 누가 나를 디스했을 때 어떻게 대처하면 좋을까요?

【참고】 카츠마 가즈요의 편집 이야기를 담은 유튜브

또 다른 주제에 대해서는 위와 같이 진행했다. 이번에는 '디스하다'라는 말에 대해서 정의한다. 앞의 예와 비교하면 도입을 완전히 같은 방식으로 하고 있다는 것을 알 수 있다. 카츠마의 도입 화법에는 분명한 '틀'이 있다.

또 '마운팅'이나 '디스'처럼 왠지 모든 사람이 다 알 것 같은 말일수록 더 조심해야 한다. 도입 부분에서는 항상 친절하게 그 말에 대해 정의하고 듣는 사람이 당신의 말을 완벽하게 이해할 수 있게 만든 후에 본론으로 들어가는 것이 좋다. 그러한 메시지를 담아서 다음 문제를 풀어보자.

【실전 문제 5】
당신이 다음 단어를 사용해서 말을 해야 한다면 '도입' 부분에서 어떻게 정의하겠는가?
- 모티베이션
- 생산성
- 매니지먼트

지금까지 그 말에 대한 정의를 생각하지 않고 무심코 사용했던 말이 이외에도 많을 것이다. 사실 당신이 인식하고 있는 '생산성'이라는 말이 상대방이 인식하고 있는 말의 의미와 다르다면 그 대화는 의미가 없다. 따라서 의도하는 말의 의미를 먼저 정의해서 알린 뒤 본론으로 들어가자.

간결하게 말하는 테크닉

'장을 정의한다'는 것에 대한 두 가지 포인트를 알아보자. 구체적으로 시간, 전제, 목적 세 가지 중 하나 또는 모두를 정의하는 것이다.

우선 가장 간단한 시간에 대해서 설명한다. 말을 시작할 때 다음과 같이 말하는 사람을 본 적 있을 것이다.

"간단하게 말씀드리자면…."
"조금 말이 길어집니다만…."
"지금부터 딱 5분만 저에게 시간을 내주세요."

위 문장의 공통된 점은 말의 소요 시간에 대해서 정의하고 있다는 점이다. 다시 말해서 정의란 'A는 ~이다'라고 정하는 수학적인 행위다. 즉, 앞에서 말한 세 가지 문장은 이런 메시지를 전달하고 있다.

"이 이야기는 간단한 내용입니다."
"이 이야기는 조금 길어질 수 있습니다."
"이 이야기는 5분 정도의 시간이 필요합니다."

자꾸 말이 길어진다는 문제의식을 지닌 사람이 주변에 많이 있다. 하지만 말의 소요 시간이 길다는 것 자체는 문제가 아니다. 1분으로 끝낼 수 있는 이야기가 있는가 하면 30분이 걸리는 이야기도 있다. 그렇다면 무엇이 문제인가? 소요 시간을 정의해서 전달하지 않은 채 상대방의 예상보다 긴 시간을 뺏으며 계속 말하는 것이 문제다.

미리 상대방에게 10분이 걸리는 이야기라고 말하면 10분 정도는 계속 이야기해도 문제가 되지 않는다. 하지만 상대방은 2~3분 만에 끝나리라고 생각하고 있는데 당신이 10분간 계속 말을 하면 상대방은 '길게' 느낀다. 결혼식 축사나 교장 선생님의 훈화 말씀을 떠올리면 쉽게 이해가 된다.

이렇듯 듣는 사람이 받을 스트레스나 심정을 고려하면

이야기의 도입 부분에서 소요 시간을 알려준다는 발상이 자연스레 생긴다. 소요 시간에 대한 발상은 오늘부터 바로 실천할 수 있는 부분이므로 앞으로 말을 할 때 이 부분을 의식하면 많은 도움이 될 것이다.

> 【실전 문제 6】
> 내일 비즈니스 현장에서 누군가와 대화하는 상황을 한번 상상해보자. 그 상대가 소요 시간에 관한 스트레스를 느끼지 않게 하기 위해서는 어떤 말을 도입에서 하면 좋을까?

전제부터 설명하고 시작하라

나는 학창 시절에 축구 부원으로 활동했던 적이 있고 지금도 축구 관전하는 것을 좋아한다. 특히 국가 대표의 시합은 TV로 자주 관전하는데 시합 내용은 물론이고 해설가의 이야기에도 관심을 가지고 듣는다. 그래서 수많은 축구 해설가의 해설을 관찰했다. 그중 전 국가 대표 선수이기도 한 도다 카즈유키가 알아듣기 쉽고 영리하게 해설했다. 도다가 브라질과의 시합(2022년 6월 6일) 종료 후에 자신의 동영상 채널에 공개한 영상이 있다. 그는 영상에서 시합에 대한 해설과 자신의 감상을 밝혔는데 본론에 들어가기 전에 이런 이야기를 했다. 요점만 발췌해서 소개한다.

여러분 안녕하십니까? 도다 카즈유키입니다. 어제 새로 단장한 국립 경기장에서 일본 대 브라질의 시합을 보고 왔습니다. 저는 JFL(Japan Football League)로부터 초대를 받아 VIP석에 앉게 되었는데, 아주 좋은 자리에서 시합을 관전할 수 있어 감사했습니다.

아마도 이 시합 티켓을 구하려고 애썼지만 아쉽게도 티켓을 구하지 못해 시합을 관전하지 못한 분이 많으시리라 생각됩니다. 저는 현장에서 시합을 관전할 수 있는 행운을 얻었기에 더욱 생생한 관전평과 감상을 여기서 공개하려고 합니다.

【참고】도다 카즈유키 'SHIN_KAISETSU'

도다는 위의 이야기를 통해 무슨 말을 하려는 것일까? 표면적으로는 JFL에 대한 감사 인사를 전하는 것으로 들릴 수 있지만 사실 그가 앞으로 말하게 될 본론을 위한 전제를 설명하는 것이다.

일반적으로 스포츠 관전은 경기장에서 관전하는 것과 TV로 관전하는 것에 엄청난 정보량 차이가 있다. 즉, 피력하는 감상이나 분석의 전제가 다르다. 도다는 '저는 현장에서 직접 관전한 후에 이 이야기를 하고 있습니다'라는 것을 분명히 밝혔다. 이런 종류의 영상을 시청하는 사람이라면 틀림없이 축구의 열성 팬이거나 스포츠에 높은 식견을 지닌 사람일 것이다. 축구에 일가견 있는 사람이라면 분명히 축구 평이나 분석을 현장에서 직접 관전하고 이야기하는 것인지 아닌지에 신경을 쓸 것이다. 적어도 나는 그렇다. 도다도 그 점을 잘 알고 있기에 본론으로 들어가기 전, 전제를 분명히 전달하려고 이런 도입 발언을 한 것이다.

이렇듯 우리의 일상에는 전제가 달라지면 모든 것이 달라지는 것이 무수히 많다. 가령 당신이 누군가에게 '조금 더 분발했으면 좋겠다'는 말을 전하고 싶다고 하자. 그런데 이 메시지의 전제가 '지금까지 잘했어'인지 아니면 '더 잘할 수 있었는데 조금 아쉽다'인지에 따라서 메시지를 받아들이는 측의 해석이 달라진다. 전자는 '격려'로 받아들이겠지만 후자는 '비판'으로 받아들인다. 따라서 어느 쪽의 전제로 이야기할지를 본론에 들어가기 전에 상대에게 전달하지 않으면 원활한 소통이 될 수 없다. 경우에 따라서 완전히 반대로 전달되는 바람에 인간관계에 치명적인 균열이 생길 수도 있다.

전제 : "지금까지 잘했어."
메시지 : "조금 더 분발하기 바란다."
→ **응원**(격려) 받았어!

전제 : "더 잘할 수 있었는데 조금 아쉽다."
메시지 : "조금 더 분발하기 바란다."
→ **지적**(비판) 받았어.

'똑똑한 사람'은 이런 사실을 잘 인식하고 있다. 따라서 말의 도입부에서 '이 이야기는 ~라는 전제로 전개된다'라는 정의를 한다. 만약 '전제를 정의하라'는 제안만으로 제대로 된 이미지가 떠오르지 않으면 다음 질문을 스스로에게 던져 보자.

본론으로 들어가기 전에 말하지 않으면 오해받을 만한 것은 없을까?

도다의 사례를 떠올려보자. 도다는 VIP석에서 시합 관전한 것을 자랑하고 싶었던 것이 아니다. TV로 경기를 봤으면서 마치 경기장에서 구석구석 관찰한 것처럼 과장된 표현이나 감상을 말하는 것이 아니라는 것을 전달하고 싶었던 것이다. 즉, 그의 도입 발언은 불필요한 오해가 생기지 않도록 미리 손쓰는 행위로 볼 수 있다. 바로 이런 점이 도다의 도입 화법이 영리하게 느껴지는 이유기도 하다.

오늘부터 자신이 할 이야기의 전제에 대해서 신경 쓰자. 지금부터 다음 주제로 연습하자.

【실전 문제 7】
실전 문제 6에서 상상한 상황에서 상대에게 말하는 편이 더 나은 '전제'는 없을까? 본론으로 들어가기 전에 말하지 않으면 오해받을 가능성은 없는지 구체적으로 생각하자.

도입 화법의 좋은 예

당신이 누군가와 즐겁게 이야기를 나누는 순간을 상상해보자. 대화에 목적이 있을까? 대부분은 일일이 그런 생각을 하면서 대화하지는 않는다. 나도 그렇지만 만약 이 질문에 대해서 굳이 답을 하자면 '즐거운 시간 보내기'가 목적이 아닐까 싶다. 그렇다면 사적인 대화가 아니라 비즈니스 대화로 전제를 바꾸면 같은 질문에 어떤 대답을 할까? 일일이 그런 생각을 하면서 대화하지는 않는다고 대답하는 사람은 한 사람도 없을 것이다.

비즈니스에서 '목적이 무엇인가?'라는 질문은 매우 중요하다. 누구도 목적이 없는 회의나 연수에는 참석하고 싶지 않을뿐더러 애초에 목적이 없는 비즈니스란 존재하지 않는다. 그렇다면 대부분의 비즈니스 대화는 '목적이 무엇인가?'라는 질문에서 벗어나기 어렵다. 지금부터는 말을 할 때 이야기의 도입 부분에서 목적을 정의해야 한다는 것을 염두에 두기 바란다.

예전에 회사에 다닐 때 짧고 간결하면서도 조리 있게 말하는 사람이 있었다. 그는 말을 할 때 항상 말머리에 다음과 같은 말을 한 후에 본론으로 들어갔다.

"후카자와 씨, 정보를 공유하겠습니다."
"야마다 씨, 상담 좀 하겠습니다."
"부장님, 승인받을 것이 있습니다."

"후카자와 씨, 정보를 공유하겠습니다"라고 말을 꺼내면 후카자와는 정보 공유 목적의 대화가 시작되는 것으로 인식한다. 정보 공유이기에 논쟁을 벌이거나 의사 결정이 필요하지 않은 대화로 인식해서 그런 태도로 상대의 이야기를 듣는다.

"야마다 씨, 상담 좀 하겠습니다"라고 말을 꺼내면 야마다는 상담 목적의 대화가 시작된다고 인식한다. 그저 듣기만 하면 되는 것이 아니라 상대의 말을 듣고 자신의 의견이나 조언할 것을 생각하며 상대의 말을 듣는다.

만약 말을 할 때 서두의 이런 한마디가 없으면 듣는 사람은 이야기의 목적이 무엇인지 알 수가 없다. 정보를 공유할 생각으로 이야기를 들었는데 마지막에 의사 결정을 요구하면 난감해지고 무슨 상담을 하려는 건가 싶어 이야기를 듣는데 단순히 정보 공유만 하는 것이라면 김이 빠진다.

목적 없는 비즈니스는 존재하지 않는다. 비즈니스 커뮤니케이션도 일이기 때문에 반드시 목적이 있다. 그것을 도입에서 분명하게 전달하자. 즉, 목적을 먼저 정의한 후에 말을 시작해라. 구체적인 예를 들어보자. 스프린트 종목의 세계 대회에서 일본인으로 첫 메달을 딴 타메스에 다이도 설명을 잘하는 사람이다. 타메스에도 자신의 유튜브 채널에 선수들과 직장인들에게 도움이 되는 정보를 열심히 올린다. 영상 중에 '운동할 때 나타나는 나쁜 버릇을 리듬을 잃지 않고 고치는 연습법'이라는 주제로 해설한 도입부 내용을 요약해서 소개한다.

'나쁜 버릇 고치는 방법'에 대한 질문을 받아서 그에 대한 답을 해드리겠습니다.

【참고】타메스에 대학 Tamesue Academy

얼마나 간단한가! 이것이 바로 도입에서 목적을 정의하는 행위의 전형이라 할 수 있다. 시청자의 질문에 답하는 것이 이 해설의 목적이며 누군가를 상담하거나 토론하는 것이 목적이 아니라는 것을 분명하게 전달한다. 그런 일은 누구나 하고 있고 또 어렵지 않은 일이라고 생각할지도 모르겠다. 분명히 쉬운 일이다. 하지만 이토록 철저하게 간결한 도입을 할 수 있는 사람은 그리 많지 않다.

타메스에의 경우는 어쨌든 말이 적고 간결하다. 불필요한 말은 거의 하지 않는다는 인상을 준다. 수학에서도 불필요한 논고는 일절 배제하고 더는 줄일 수 없을 정도까지를 증명하는 것이 아름답다고 하는 문화가 있다. 그런 의미에서 타메스에의 화법은 내가 봐도 무척 수학적이며 일종의 아름다움까지 느껴진다.

이치로 선수의 은퇴 기자회견

다른 예로 미국 메이저리그 시애틀 매리너스 소속의 이치로 선수의 은퇴 기자회견을 보았는가? 2019년 3월 21일 도쿄에서 열린 기자회견에서 이치로 선수가 제일 먼저 했던 첫마디가 무엇이었는지, 어떤 도입 발언을 했는지 요약해서 재현했다.

> 이렇게나 많은 분이 오신 건가요? 정말 깜짝 놀랐어요(웃음). 늦은 시간에 모인 여러분께 감사의 말씀을 전합니다. 오늘 게임을 마지막으로 일본에서 9년, 미국에서 19년의 현역 생활에 종지부를 찍고 은퇴를 합니다.
> 지금까지 응원해주신 분들께 감사의 마음을 전하고 구단 관계자와 팀원들에게도 감사의 말씀을 전합니다. 질문이 있으시다면 가능한 한 대답해드리겠습니다.

설명하기에 앞서 3장의 두 번째 포인트가 '장을 정의한다'라는 것임을 상기하기 바란다. 지금부터 하는 해설에서 이 '장'이라는 표현이 매우 중요한 의미를 지니기 때문이다.

이치로 선수는 앞으로 전개될 대화의 목적을 정의하고 있다. 물론 그것은 감사를 전하는 것과 질문에 답하겠다는 것이다. 또한 기자회견이라는, 지극히 특수한 장이라는 사실에 주목하라. 커뮤니케이션에는 반드시 장이 존재한다. 그것이 어떤 장인가를 분명하게 인식시키는 것이 좋은 커뮤니케이션을 전개하는 데 매우 중요하다.

이치로 선수는 도입 발언을 통해서 앞으로 시작될 커뮤니케이션의 목적을 정의했다. 다시 말해 기자회견이 어떤 장인가를 서두에서 명확하게 전달했다. 전 세계가 주목하는 장면에서 모두가 인정하는 성과를 거둔 슈퍼스타가 매우 중요한 커뮤니케이션 장에서 어떻게 했을까? 그런 관점에서 기자회견을 바라보면 그의 말에서 그 사람의 본질이 단적으로 드러난다.

지금까지 도다, 타메스에, 이치로 등 주로 스포츠 관련 인물의 사례를 소개했다. 모두가 일류 선수였고 좋은 성과를 거둔 사람들이다. 왜 그들을 관찰 대상으로 삼았는가 하면 말하기의 질은 그들의 인생이나 직업과는 관계가 없다는 것을 전달하고 싶었기 때문이다.

스포츠 선수가 뛰는 세계는 말하기의 질로 승부하지 않는다. 화법이 수학적일 필요도 없다. 그런데도 좋은 성과를 거둔 그들의 말하기를 관찰하면 그들의 말하기에는 공통된 무엇인가가 있다는 것을 알게 된다. 스포츠뿐만 아니라 다른 분야에서도 마찬가지다. 다음 문제를 풀기에 앞서 한 가지 제안을 한다. 앞으로 할 이야기가 공유를 위한 것인지, 상담을 위한 것인지, 승인을 받고 싶은 것인지, 그것도 아니면 질문에 답하기 위한 것인지를 구분해 타메스에와 이치로처럼 장을 정의하는 한마디를 본론 앞에 놓아 보면 어떨까?

【실전 문제 8】
실전 문제 6에서 상상한 상황에서 커뮤니케이션의 '목적'은 무엇일까? 만약 그것을 전달하는 게 좋을 경우 어떻게 전달해야 하는지를 생각하라.

남의 말을 경청하는 태도

장을 정의하는 행위는 구체적으로 시간, 전제, 목적을 설명하는 일이다. 시간, 전제, 목적에는 공통점이 있는데 듣는 사람의 태도를 설정한다.

먼저 시간에 대해서 알아보자. 만약 처음 말을 시작할 때 '간단하게 말씀드리면'이라고 언급하면 상대는 금방 끝날 짧은 이야기를 들을 태도로 이야기를 기다린다. 그리고 예상한 대로 당신이 짧게 말하면 스트레스를 느끼지 않는다. 쌍방 모두가 만족스러운 상태의 커뮤니케이션이다.

전제에 대해서는 어떨까? 앞에서 소개한 도다 카즈유키의 도입 발언은 실제로 경기장에서 관전한 사람의 이야기라는 것을 전달하는 내용이었다. 듣는 사람이 어떤 기대치를 가지고 도다의 평이나 분석을 들으면 좋을지를 설정한 행위다. 그런 인식이 서로 다르다면 소통에 문제가 발생한다.

목적의 경우도 전제와 같다. 앞에서 설명한 사례(필자가 직장인으로 일할 때 지인의 사례)를 떠올려보자. 커뮤니케이션의 목적이 정보 공유인지 상담인지 승인인지에 따라서 상대방의 이야기를 듣는 태도가 달라진다. 다시 말해 청중은 어떤 태도로 상대방의 이야기를 들으면 좋을지를 미리 결정할 수 있다. 사례의 해설에서 '태도'라는 표현을 여러 번 사용했다.

이렇듯 장을 정의하는 행위는 듣는 사람의 태도를 설정

하는 행위다. 만약 당신이 이를 소홀히 하면 다음과 같은 메커니즘에 의해서 듣는 사람을 당혹스럽게 할 수 있다.

어떤 태도로 상대의 말을 들어야 할지 모르겠다.
↓
그런데 상대는 바로 본론으로 들어가서 말을 시작한다.
↓
이야기의 전개가 자신의 예상(기대치)과 다르다.
↓
당혹스럽다.

어떤가? 3장에서 언급한 내용의 중요성이 이제 충분히 전달되었으리라고 생각한다.

남다른 화법의 소유자

어떤 태도로 상대방의 이야기를 들어야 할지를 말머리에 전달하는 사례로 조금 남다른 예를 소개한다. 나는 '남다르다'는 표현을 좋은 의미로 사용했다. 단순하게 '재미있다'

는 뜻이다.

사업가이면서 학자이기도 한 예일 대학 조교수인 나리타 유스케의 사례다. 뉴스에서 코멘트하거나 다양한 미디어에서 인터뷰를 하는 등 지금 가장 주목받고 있는 논객이다. 나도 나리타 교수가 하는 말을 들어 본 적 있는데 세상을 보는 관점이 조금 특이하다고 느꼈다. 그런 나리타 교수가 2019년 12월 〈RIETI EBPM 심포지엄_증거에 입각한 정책 입안하기〉라는 강연에서 '22세기의 EBPM'이라는 주제로 강연했을 때 일이다. 단상에 올라간 나리타 교수가 청중을 향해 던진 첫마디를 들어 보자.

나리타 유스케라고 합니다.
어쩌면 여러분의 기대와 정반대되는 무척 따분한 이야기를 해볼까 합니다.

이 말을 한 후에 나리타 교수는 곧바로 본론으로 들어갔다. 나는 이 장면을 접하는 순간 어떤 의문이 머릿속에 떠올랐다. 왜 나리타 교수는 바로 본론으로 들어가지 않고 굳이 '어쩌면 여러분의 기대와 정반대되는 무척 따분한 이야기를 해볼까 합니다'라는 말을 했을까? 이런 말이 없어도 강연은 문제없이 시작할 수 있다. 그런데 이런 말로 시작한 의미는 과연 무엇일까? 예상되는 이유는 다음 세 가지다.

A : 정말로 따분하거나 시시하다 생각되어서
B : 말하려는 내용 수준이 너무 높아서 청중에게 제대로 전달되지 않고 따분하게 느껴질 것 같아서
C : 결코 대단한 이야기가 아니므로 참가자들이 편한 마음으로 함께하기를 기대해서

개인적으로는 A나 B는 아니라고 생각한다. 나리타 교수의 여러 발언을 듣다 보면 무척 똑똑한 사람이라는 것을 알 수 있다. 그런 사람이 굳이 강연에서 시시한 내용으로 남의 시간을 뺏으리라고는 생각되지 않을 뿐더러 아무리 수준 높은 이야기라도 쉽게 풀어서 설명할 것이라고 생각한다.

그렇다면 예상되는 이유는 C밖에 없다. 나리타 교수는 아마도 자신이 하는 이야기는 대단한 내용이 아니므로 몸을 사릴 필요가 없으며 편하게 듣기를 바란다는 의도가 아니었을까? 물론 본인에게 직접 확인한 것이 아니므로 어디까지나 추측에 지나지 않는다. 하지만 만약 그 발언의 의도가 '장의 정의'라고 한다면 역시 똑똑한 사람의 말하기는

수학적이며 또 대화의 도입에는 반드시 의도가 있다는 것을 알 수 있는 에피소드라 할 수 있다.

나도 직업상 사람들 앞에서 강연하는 일이 많다. 하지만 말을 시작하면서 '어쩌면 여러분의 기대와 정반대되는 무척 따분한 이야기를 해볼까 합니다'라는 말은 절대 떠올리지 못했다. 나리타 교수는 남다른 사람이다.

> 【실전 문제 9】
> 강연회에서 당신이 연사로 출연한다. 주제는 자유롭게 설정한다. 강연장에서는 100명 이상의 청중이 당신을 바라보고 있다. '장의 정의'를 목적으로 조금은 의외성 있는 도입 발언을 생각하라.

100미터 달리기의 정체

3장에서는 말하기의 본론으로 들어가기 전 도입에 초점을 맞추었고 도입에서 정의하기의 장점을 구체적인 사례를 들어서 설명했다.

- 말을 정의한다.
- → 사람은 모르는 말이 하나만 있어도 이야기를 듣지 않는다(이해하지 못한다).
- 장을 정의한다(시간·전제·목적).
- → 상대방의 청취 태도를 설정한다.

마지막으로 여담이다. 사실 3장에도 도입이 있고 내가 그 부분에서 장의 정의를 한 사실을 눈치챈 사람도 있을 것이다. 서두에서 말한 내용을 최대한 간략하게 표현하면 다음과 같다.

100미터 달리기는 스타트를 잘 끊은 선수일수록 유리하다. 3장을 읽을 때는 이 감각을 유지하면서 읽기를 바란다.

내가 이런 장의 정의를 한 이유를 이제 충분히 이해했을 것이다. 나의 태도(기대치)와 당신의 태도(기대치)가 일치하는 것이 3장을 제대로 이해하기 위한 절대 조건이다.

CHAPTER 4

분해해서 말하라

어려운 말을 쉽게 전달하기

분해를 분해하라

 이번 장의 주제는 분해다. 결론부터 말하면 '말 잘하는 사람은 말하기 전에 그 내용을 분해한다'는 것이다. 만약 여기에 100퍼센트 동감한다면 4장은 건너뛰어도 된다. 그렇지 않고 왜 분해인지, 분해를 구체적으로 어떻게 하는 것인지 알고 싶다면 4장을 꼼꼼히 읽기를 권한다. 맨 먼저 해야 할 일은 '분해'를 분해하는 것이다.

분해(分解) = 분(分) + 해(解)

 여기에서 '분'과 '해'의 의미를 각각 확인해보자. 일반적으로 '분'은 전체를 몇 개로 나누다, 구별 짓다, 따로 나누다 같은 의미로 해석한다. '해'는 사물의 있는 그대로의 상태를 터득하는 것, 잘 이해하는 것의 의미를 지닌다. 이해, 양해 같은 말에도 같은 뜻의 해 자가 들어간다. 다시 말해서 분해란 나눔으로써 알게 된다는 뜻이다. 지금도 분해를 2개로 나눔으로써 그 본질을 이해하는 경험을 했다.

학창 시절 수학 시간에 인수분해라는 것을 배운다. 다음과 같은 문제가 나오면 당신은 수업 시간에 배운 풀이 방식대로 열심히 문제를 풀었을 것이다.

문제 : 다음 방정식을 푸시오.
$x^3 - 3x^2 - x + 3 = 0$

〈해답〉
좌변을 인수분해 하면 다음과 같다.
$(x + 1)(x - 1)(x - 3) = 0$
따라서
$x = -1, +1, +3$

해답을 보면 알 수 있지만 이 문제를 풀기 위한 수학적 행위는 인수분해밖에 없다. 인수분해란 나누는 행위이며 그 결과로 문제가 해결된다. 즉, 나눔으로써 푼다는 것은 무척 수학적인 사실이다.

지금부터 분해라는 행위를 말하기라는 주제와 연결시켜 보자. 지금 당장 누군가에게 이해하기 쉽게 설명해야 하는 상황 하나를 상상해보라. 직장에서는 상사에게 보고할 때 또는 거래처에서 발표할 때가 좋은 예다. 사적으로는 가족이나 친구에게 중요한 사실을 전달하거나 상담할 때다. 상대방이 당신이 하는 말을 제대로 알아듣지 못하거나 이해하지 못하면 어떤 느낌이 드는가? 몹시 난처하다.

나눔으로써 푼다.

내가 하는 말을 상대방에게 알기 쉽게 전달하기 위해 대화 내용을 몇 개로 나누어야 한다. 이것이 4장의 결론이다. 프랑스 철학자이자 수학자인 데카르트의 말 중에 내가 무척 좋아하는 말이 있다. "어려운 문제는 작게 나누어서 생각하라." 더 이상 설명이 필요 없다. 이 말을 체득한다면 다음 명제가 성립된다.

"어려운 말을 전달할 때는 작게 나누어서 전달하라."

인수분해 한 후에 말하라

　인수분해에 대한 수학적 해설은 하지 않겠지만 앞의 예에서 한 가지 짚고 넘어갈 부분이 있다. 예를 인수분해 한 결과 원래 식이 3개의 요소로 나뉘었다. 세 가지 요소의 곱하기로 구성되었다는 것을 알게 되었으므로 쉽게 답을 풀 수 있다.

$x^3 - 3x^2 - x + 3 = 0$ (구성 요소를 알 수 없는 상태)
　↓ 인수분해
$(x + 1)(x - 1)(x - 3) = 0$ (구성 요소를 알게 된 상태)
　↓
$x = -1, +1, +3$ (구성 요소를 알게 되었으므로 풀 수 있다)

　이를 통해 어떤 사물을 알기 위해서는 그 구성 요소를 알아야 한다는 사실을 깨닫게 된다. 바꾸어 말하면 구성 요소를 알 수 없는 이야기를 들으면 이해하기 어려울 가능성이 매우 크다는 말이다. 수학적 화법에서는 인수분해 한 후에 말할 것을 제안한다. 구성 요소를 모르는 상태에서 말하는 것이 아니라 구성 요소를 알 수 있는 상태로 만든 후에 말하라는 것이다. 구체적인 예를 하나 들어 보자. 다음의 '설명 A'는 내가 하는 일을 설명한 것이다.

설명 A

나의 주된 업무는 기업체의 의뢰로 진행하는 연수 강사와 컨설팅 일이다.

강의의 주제는 숫자에 강한 인재와 조직을 만드는 것이다. 한마디로 말해서 교육자라고 할 수 있다. 요즘 같은 디지털 전환 시대에 꼭 필요한 교육임에도 불구하고 학교와 같은 교육기관에서는 쉽게 대응할 수 없는 주제도 있다. 따라서 비즈니스 경험이 있는 교육자가 전문가로 종사해야 한다고 생각한다.

또 나는 서적이나 미디어의 인터뷰 등을 통해서 내 전문인 비즈니스 수학을 알리는 일도 중요하게 생각한다. 특히 작가로 저작물을 꾸준히 발표하고 있는데 감사하게도 호응을 얻었다. 책을 통해서 독자와 소통하는 것은 참 멋진 일이다. 또 나는 교육자로서 수학에 강한 인재나 조직을 만드는 교육이 널리 전파되기를 바란다.

교육에 필요한 요소는 크게 세 가지로 교재·교육 공간·지도자다. 그중에서도 가장 중요한 것은 지도자라고 생각한다. 좋은 지도자는 좋은 교재를 만들고 좋은 교육 공간을 창출하기 때문이다. 따라서 나는 비즈니스 수학을 지도하는 강사 육성에도 힘을 쏟고 있다.

설명 A를 인수분해 한 후에 다시 전달한다. 다음 설명 B를 살펴보자.

설명 B

나는 교육자이며 구체적으로는 수학에 강한 인재와 조직을 만드는 교육을 제공하는 일을 하고 있다. 이것을 비즈니스 수학이라고 부른다. 그 내용은 크게 교육하기(가르치기), 보급하기(널리 알리기), 육성하기(키우기) 세 가지다.

먼저 교육하기란 기업으로부터 의뢰를 받아 연수 강사로 활동하거나 컨설팅하는 것을 말한다. 보급하기는 서적이나 미디어의 인터뷰 등을 통해서 내 전문 분야를 널리 홍보하는 일이다. 육성하기는 비즈니스 수학을 지도할 수 있는 강사를 육성하는 일이다.

육성하기에 대해서 보충 설명을 하겠다. 일반적으로 교육에는 크게 교재·교육 공간·지도자 세 가지 요소가 필요하다. 그중에서도 가장 중요한 것은 지도자라고 생각한다. 좋은 지도자는 좋은 교재를 만들고 좋은 교육 공간을 창출하기 때문이다. 따라서 나는 비즈니스 수학을 지도하는 강사 육성에도 힘을 쏟고 있다.

설명 A와 설명 B를 비교할 때 무슨 말을 하고 싶은지 바로 이해할 수 있거나 알아듣기 쉽다고 느끼는 쪽은 설명 B다. 같은 내용임에도 불구하고 느낌이나 이해도가 다른 것은 인수분해 유무와 크게 연관 있다.

설명 B의 내용에서 주목해야 할 것은 세 가지라는 단어가 두 번이나 등장하는 것이다. 세 가지는 무엇인가를 3개의 요소로 나누고 있기에 사용하는 말이다. 그리고 세 가지라는 말을 함으로써 듣는 사람은 '지금부터 이 사람은 세 가지 이야기를 하겠구나'라고 인지한다. 그리고 당신은 그들의 인지대로 세 가지 이야기를 한다. 듣는 사람은 자신이 인지한 대로 화자가 말을 하기에 스트레스 없이 편하게 이야기를 듣는다. 당연히 이해도가 높아지면서 결과적으로 '알아듣기 쉽다'는 느낌을 받는다. 이것을 의식하면서 실전 문제에 도전해보자.

【실전 문제 10】
당신이 하는 일(직업)에 대해서 친구와 가족 등에게 설명하자.
단, 설명 B처럼 인수분해를 해서 설명할 것을 권한다. 설명이
끝나면 '이해됐어?', '내 말 알아들었어?'라고 질문해보자.
상대방의 반응이 '예'라면 성공이다.

대화할 때 숫자를 활용하라

지금까지의 내용을 정리해보자. 설명 B의 내용을 최대한 간결하게 표현하면 다음과 같다.

【요지】 저자와 그 활동에 대한 설명
↓
【활동 내용】 교육하기 · 보급하기 · 육성하기

(세 가지 요소로 분해)

↓

【육성하기의 보충】 교재 · 교육 공간 · 지도자

(세 가지 요소로 분해)

일련의 해설 그 자체도 최대한 간결하게 표현하면 다음과 같다.

설명 A : 구성 요소를 모르는 상태
  ↓ 인수분해
설명 B : 구성 요소를 알고 있는 상태
  ↓
결론 : 알아듣기 쉽다(구성 요소를 알게 되었으므로)

앞에서 소개한 방정식 풀이와 똑같은 구조다. 따라서 '알아듣기 쉽게 말한다'는 평가를 받는 사람은 말하기 전에 그 내용을 인수분해해서 구성 요소를 쉽게 파악하도록 만든 후 말을 한다.

사례를 하나 더 살펴보자. 내가 어떤 기업체로부터 의뢰를 받아 인재 육성 연수 프로그램을 진행할 때의 일이다. 연수를 받은 사람들 사이에서 눈에 띄는 변화가 나타났다. 대화할 때 숫자를 사용해서 말하는 횟수가 늘어난 것이다. 앞에서 말한 세 가지 예는 실로 그 전형이라고 할 수 있다. 여기에서 중요한 것은 연수생들에게 내가 '앞으로 대화할 때는 숫자를 많이 활용해보세요'라고 지도한 것이 아니라는 점이다. 그들이 대화할 때 숫자를 빈번하게 사용하게 된 것은 결과에 지나지 않는다. 그렇다면 그들에게 무슨 변화가 생긴 것일까? 아니 그들은 도대체 무엇을 바꾼 것일까?

연수생들은 커뮤니케이션 방식을 바꾼 것이 아니라 먼저 인수분해를 하는 사고로 바뀌었다. 그 결과 회사 내에서는 '이해가 잘된다', '잘 알아들었다'라는 말이 늘고 소통이 전보다 원활해졌다. 게다가 조직의 생산성이 높아졌다. 비즈니스 수학이 왜 기업의 인재 육성이나 조직 개발에 활용되는지를 알 수 있는 대목이다.

이 노하우를 직장에서 꼭 활용해보자. 그리고 직장에서 잘나가는 사람들의 화법을 잘 관찰하자. 어쩌면 당신이 생각하는 것보다 훨씬 더 많이 대화에서 숫자를 사용하고 있는지도 모른다.

> 【실전 문제 11】
> 내일 바로 직장에서 활용할 수 있는 숫자가 들어간 대화를 생각하자. 내일 그것을 실천했다면 그다음 날도 직장에서 똑같이 숫자가 들어간 대화를 하자.

수학이 무기인 최고 마케터의 화법

"근거는 세 가지입니다."
"포인트는 두 가지가 있습니다."
"전제, 분석, 결론의 세 가지 순서로 설명하겠습니다."
"메시지는 하나입니다."

앞에서 소개한 숫자를 활용한 대화의 대표적인 예문이다. 문장의 주요 공통점은 숫자가 들어 있다는 것이지만 사실 한 가지 공통점이 더 있다. 바로 본론에 들어가기 전에 사용하는 문구라는 점이다. 모든 근거를 설명한 후 "근거는 세 가지입니다"라고 말하는 것은 별로 의미가 없다. "포인트는 두 가지가 있습니다"도 마찬가지다. "전제, 분석, 결론의 세 가지 순서로 설명하겠습니다"나 "메시지는 하나입니다"도 먼저 말하는 데 의의가 있다.

사전에 '세 가지'라고 말할 수 있는 것은 말하기 전에 머릿속으로 인수분해를 했기 때문이다. 본론을 이야기하면서 동시에 머릿속에서 인수분해를 하고 사전에 '세 가지'라고 말하는 것은 쉽지 않다. 이 말을 두 줄로 표현하면 이렇게 된다.

○ 인수분해 한 후에 말한다.
× 인수분해 하면서 말한다.

  말 잘하는 사람은 말하는 내용을 구성할 때 허둥대지 않는다. 말을 시작하기 전에 이미 구성을 다 끝내고 느긋하게 자기 속도로 말을 하기 때문이다. 쑥스럽지만 나도 강의할 때 설명을 쉽게 잘한다는 평가를 받는 편이다. 분명한 것은 나 역시도 말하기 전에 구성을 끝낸다.
  나와 비슷한 화법을 구사하는 저명인사의 사례를 살펴보자. 사업가인 모리오카 츠요시는 수학적 사고를 구사한 마케팅으로 많은 대기업의 실적을 V자로 회복시킨 수완 좋은 마케터로 유명하다. 수학을 비즈니스에 활용할 것을 권하는 입장에서 모리오카처럼 수학을 마케팅에 활용해서 실적을 올리는 모습을 보면 그저 멋있다는 말밖에 할 말이 없다. 그는 본업에서뿐만 아니라 화법에서도 사람들의 모범이 된다. 어떤 TV 프로그램에서 모리오카는 구직 활동으로 고민하는 대학생으로부터 '앞으로 무엇을 해야 할지 모르겠고 회사 선택도 어떻게 해야 할지 모르겠다'는 고민 상담을 받았다. 질문에 대한 모리오카의 답은 다음과 같다.

두 가지를 이야기하고 싶어요. 첫 번째는 정답이 여러 개라는 거예요. 어느 회사를 선택해도 대부분의 선택지는 정답입니다. 수많은 선택지 중에서 최고만을 선택하려는 것이 문제지요. 최고가 아닌 중간이나 그 아래의 것을 선택하면 됩니다. 그것을 최고로 만드는 것은 회사에 입사한 후 당신이 할 나름입니다. 두 번째는 회사를 선택하는 것이 아니라 자신의 특성에 맞는 직업을 선택하는 것이에요.

여기에서 강조하고 싶은 것은 모리오카가 왜 '두 가지를 이야기하고 싶어요'라고 말했는가이다. 분명한 것은 대학생에게 질문을 받고 거기에 대한 답을 할 때까지 앞으로 말할 내용에 큰 말뭉치가 2개 있다고 이미 정리를 한 상태라는 것이다. 그렇지 않다면 "두 가지를 이야기하고 싶어요"라는 말머리를 꺼낼 수 없다. 즉, 모리오카는 사물을 인수분해 하고 대학생도 알아들을 수 있는 상태로 만든 후에 말을 시작한 것이다. 이 대학생은 "자신의 재능은 어떻게 발견할 수 있나요?"라며 질문을 이어 갔다. 여기에 대해서도 모리오카는 다음과 같이 말했다.

인간의 장점은 세 가지로 분류할 수 있습니다.

Thinking(사고력), Communication(전달력), Leadership(지도력)이 그것입니다. 지금까지 자신이 해보고 재미있다고 느꼈거나 적성에 맞다고 생각되는 활동이 세 가지 중 어디에 해당하는지를 한번 고민해보면 어떨까요?

또다시 '세 가지'라는 제시어를 사용했다. 모리오카는 인간의 장점이나 특징을 세 가지로 인수분해 할 수 있다고 생각했다. 모리오카가 학창 시절부터 수학에 뛰어났다는 점과 그의 화법에는 개인적으로 공감되는 부분이 많다.

대화 내용을 말뭉치와 화살표로 표현하기

이제 말을 할 때 인수분해가 얼마나 유용하게 쓰이는지 이해했을 것이다. 그런데 이게 얼핏 보기에는 쉬워 보이지만 사실 무척 어려운 일이다. 이것이 무의식중에 가능한 사람은 이해가 잘 되겠지만 반대로 그런 쪽으로 이해가 늦은 사람은 이론상으로는 알아도 구체적으로 어떻게 하면 좋을지 몰라 난감하다. 만약 당신이 후자라면 이 책을 통해 내가 할 일은 '어떻게 자신이 하는 말의 내용을 사전에 인수분해 할 수 있는가?'에 대한 질문에 답하는 것이다. 지금부터 그 방법을 설명한다. 구체적으로는 다음 순서로 진행된다.

> 1단계 상대가 이해하는 데 필요한 최저 수의 요소를 거론한다.
> 2단계 그 요소에 순서를 매긴다.
> 3단계 각 요소에 대해서 상대가 이해하는 데 필요한 최저 수의 요소를 거론한다.
> 4단계 그 요소에 순서를 매긴다.

설명 B를 떠올려보자. 나는 다음과 같은 단계를 거쳐서 머릿속에서 인수분해를 하고 그것을 전달했다.

> 상대가 이해하는 데 필요한 최저 수의 요소를 거론한다.
> → 요지, 활동 내용 두 가지
>
> 그 요소에 순서를 매긴다.
> → 요지에서 활동 내용 순서대로
>
> 각 요소에 대해서 상대가 이해하는 데 필요한 최저 수의 요소를 거론한다.

→ 요지는 하나, 활동 내용은 교육하기, 보급하기, 육성하기 세 가지 그 요소에 순서를 매긴다.
→ 교육하기, 보급하기, 육성하기 순서대로

이것을 그림으로 나타내면 아래와 같다. 그림을 보면 말뭉치와 화살표로 구성되어 있다는 것을 알 수 있다. 즉, 말뭉치는 요소를 나타내고 화살표는 순서를 나타낸다. 인수분해를 한다는 것은 복수의 요소로 나누는 것인데 그것만으로는 잘 전달되지 않는다. 요소에 순서라는 개념을 도입하지 않으면 사람들에게 전달하는 내용이 되지 않기 때문

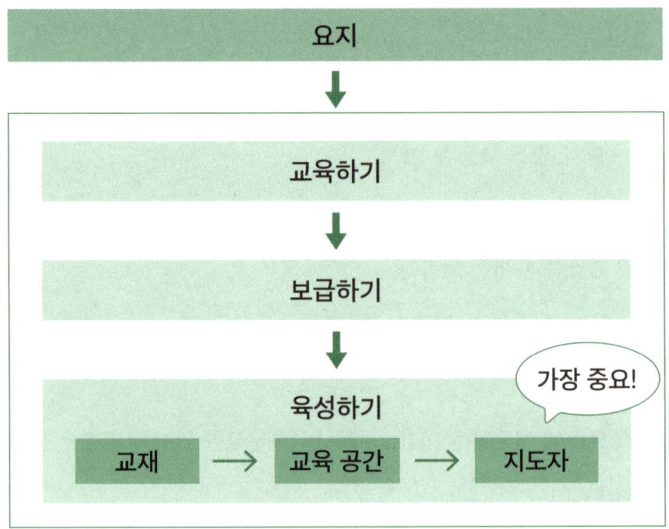

이다.

알기 쉽게 전달되는 내용은 왼쪽의 그림으로 나타낼 수 있고 그것은 반드시 말뭉치와 화살표로 표현해야 한다. 이 내용은 매우 중요하므로 꼭 체득해서 활용하기를 바란다. 책을 다 읽는다고 해서 바로 감각이 생기는 것은 아니다. 평소에 조금씩 연습해 습관화하고 몸이 기억하도록 해야 한다. 여기서 당신은 볼멘소리를 할 수도 있다. 평소에 사람들과 대화할 때 어떻게 일일이 그런 생각을 하면서 말을 하냐고 말이다. 맞다. 그러므로 바로 현장에서 적용시키려 하지 말고 그것이 가능한 상황에서 조금씩 연습부터 하라.

당신이 내일 많은 사람 앞에서 스피치를 한다고 하자. 실전에서는 어려워도 전날 준비 단계에서는 가능하다. 또는 TV에서 뉴스를 시청하는데 정치와 종교라는 화제가 나왔다. 그때 그 주제에 대한 당신의 주장을 가족이나 친구에게 어떻게 설명할지 생각해보면 어떨까? 그것을 생각할 때 막연하게만 떠올리는 것이 아니라 종이와 펜을 이용해서 내용을 그림으로 그린다. 순조롭게 말뭉치와 화살표로 표현할 수 있다면 그 이야기는 쉽게 상대방에게 전달된다. 반대로 그림으로 표현하는 것이 어렵다면 정치와 종교라는 주제에 대한 생각이 정리되지 않았거나 처음부터 주제에 대한 이해가 부족한 것인지도 모른다. 그 상태로 말을 하면 상대방에게 제대로 의사가 전달되지 않을 가능성이 크다.

이런 연습을 매일 벌어지는 상황에서 조금씩 실천하면 당신의 몸과 두뇌가 사물을 말뭉치와 화살표로 표현하는 일에 익숙해진다. 다시 말해서 인수분해 하는 것에 익숙해진다는 뜻이다. 당신의 소통 능력은 물론 사고력까지도 함께 단련할 수 있는 일석이조의 습관이다.

> 【실전 문제 12】
> TV 뉴스, 신문 기사에서 주제를 하나 정해서 그것을 가족이나 친구에게 설명하는 내용을 그림으로 표현해보자. 말뭉치와 화살표만으로 표현해야 한다.

그림(圖解, 도해)이라는 말에도 '해'라는 글자가 있다. 즉, 그림이란 이해하는 것이다. 말할 내용을 그림으로 설명하지 못하면 자신도 잘 모른다는 뜻이다. 스스로도 잘 모르는 내용을 상대방에게 이야기한들 상대방이 그 내용을 이해할 리 없다. 다소 이론적인 설명이지만 나는 이것이 진리라고 생각한다. 말뭉치와 화살표로 표현하는 연습은 소통 능력은 물론 사고력도 함께 단련할 수 있는 일석이조의 습관이다.

강제로 도해화하라

말뭉치와 화살표로 표현하는 습관이 필요한 것은 알지만 연습을 어렵게 느끼는 사람도 있다. 그런 사람에게는 프레임에 맞추어 말하는 방법도 있다는 것을 알려준다. 커뮤니케이션이나 설명에 대한 기법 같은 주제로 연수할 때 자주 다루는 부분이다.

1-1-3으로 말하라.

'하나의 메시지를 1분간 최대 세 가지 요소를 사용해서 설명한다'라는 사고방식이다. 사고력이나 소통력을 단련시키는 습관이 어렵다면 스스로 제한을 두고 강제로 목표에 접근하는 방법을 택하는 사고방식이다. 물론 다양한 커뮤니케이션을 반드시 1분 안에 해야 한다는 의미는 아니다. 10분이 걸리는 이야기도 있고 30분이 필요한 경우도 있다. 하지만 기본적인 사고방식은 '하나의 메시지는 1분 안에 설명한다'는 것이며 그렇게 하기 위해서 세 가지 요소 정도까지는 채워 넣을 수 있다는 마음가짐을 가져야 한다.

1-1-3의 사례로는 아래 그림이 대표적이다. 비즈니스 프

레젠테이션에서 익숙한 '근거는 세 가지입니다'라는 문구는 1-1-3의 전형적인 예다. '전제, 분석, 결론의 순서로 설명하기' 논법도 세 가지 요소의 대표적인 설명이다. 이 방법은 앞에서 그림으로 설명한 템플릿을 준비해서 강제로 정보를 적용하는 작업이다. 따라서 확실하게 그림으로 설명할 수 있는 내용을 만들 수 있다는 장점이 있으며 제한을 가한다는 것에 대한 거부감이 단점이다. 자유롭게 인수분해 하는 사고를 선택할 것인지 템플릿을 통해 강제 적용할 것인지 당신에게 맞는 방식을 찾아보자.

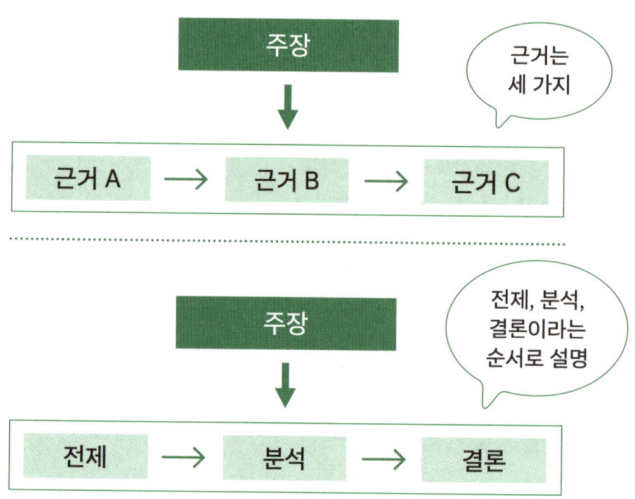

이 책의 목적은 어디까지나 알아듣기 쉽게 말하기이므로 이를 실현하기 위한 수단은 어떤 것이라도 좋다. 당신에게 선택지가 있다는 것이 제대로 전달되길 바란다. 이제 문제를 풀어보자. 마음껏 이야기하고 싶은 것을 1분 안에 요약해서 말하기는 꽤 어려운 일이지만 꼭 도전해보자.

> 【실전 문제 13】
> 당신이 평소에 동경하거나 존경하는 한 사람을 떠올려보자. 1분간 그 사람의 매력에 대해서 충분히 말해보자. 단, 최대 세 가지 요소로 설명해야 한다는 것이 조건이다. 아무리 많은 내용을 말하고 싶어도 반드시 세 가지 요소로만 표현해야 하며 절대 1분을 넘기면 안 된다.

잠시 쉬어 가기 대신 잠시 쉴 수 있는 상태로 만들자

마지막으로 관점을 조금 바꾸어서 분해라는 주제에 대해 논하고자 한다. 말의 달인이라 불리는 사람이 다음과 같은 말을 한 적 있다.

"잠시 쉬어 가면서 이야기합시다."
"말이 빨라서 잠시 쉬어 갑시다."

여기서 말하는 '쉼'이란 대화 사이에 잠시 시간을 두는 것을 의미한다. 그 시간이란 고작해야 1~2초 정도가 아닐까? 솔직히 말하면 예전에는 이런 충고가 적절하다고 생각했다. 듣는 사람 입장에서 알아듣기 쉽게 전달하고자 하는 태도의 표현이라고 생각했기 때문이다. 하지만 수학적 사고와 커뮤니케이션의 관계를 분석하고 '똑똑한 사람'들의 말하기를 관찰한 후로는 이전과 해석을 달리하게 되었다.

여기서부터는 과학적으로 검증되지 않은 나의 가설이며 그것을 전제로 살펴본다. 말을 할 때 쉬지 않는다는 것은 그 내용이 요소로 나누어지지 않은 것일 가능성이 크다. 즉, 사전에 인수분해되어 있지 않은 상태에서 말을 하기 때문에 쉴 수 없는 것이다. 앞에서 소개한 다음 두 문장을 상기해보자.

○ **인수분해 한 후에 말한다.**
× **인수분해 하면서 말한다.**

전자는 느긋하게 자기 페이스로 말한다. 왜냐하면 사전에 인수분해가 되어 있어 말하는 내용이 머릿속에서 그림(말뭉치와 화살표)으로 표현되기 때문이다. 한편 후자는 말을 하는 도중 머릿속에서 내용을 구성하면서 정신없이 말을 한다. 즉, 말을 하면서 허둥거리게 된다. 이것이 말이 빨라지는 원인이 되기도 하고 듣는 사람 입장을 고려할 여유를 빼앗아버리기도 한다.

더 간단하게 말하면 말하려는 내용이 말뭉치로 나뉘어 있으면 말이 끝날 때마다 자동으로 말뭉치를 단락 짓는다. 또 다음 말뭉치 내용과 화살표 방향을 알고 있으므로 심리적으로도 여유가 있고 한숨을 돌릴 수도 있다. 이것이 이른바 쉼이라는 형태로 표현되는 것이다.

'말이 빨라서 잠시 쉬어 갑시다'가 아니라 '말이 빨라지는 근본적인 원인에 접근해서 자연스레 쉼이 생기는 말하기로 바꾸자'가 정확한 지도 방향이다. 한 가지 확실한 것은 이 책에서 소개한 명사들의 말하기에는 예외 없이 쉼이 존재한다. 전혀 허둥대는 느낌 없이 여유가 있다. 그들의 말하기를 관찰하면서 말이 빠른 것을 감추려고 의도적으로 쉬는 것도 전혀 느껴지지 않았다. 나의 가설에 대해 당신의 생각은 어떤지 궁금하다.

지금까지 분해를 주제로 말하기를 업그레이드시키는 비결을 소개했는데 다음 한 줄로 집약할 수 있다.

"어려운 내용은 작게 나누어서 전달하라."

마지막으로 지금까지 내용의 복습을 겸해서 문제를 풀어 보자. 만약 스스로가 설득되는 결과가 만들어졌다면 당신은 4장의 내용을 충분히 이해한 것이다. 그리고 그 내용을 다른 사람에게 알기 쉽게 설명하는 것도 가능하다.

【실전 문제 14】
4장의 내용을 말뭉치와 화살표를 사용해서 그림으로 만들어 보자.

+ < = ± × ÷ ← → ⇔ ∈ ∃

CHAPTER 5

비교해서 말하라

사물에 의미를 부여해서 전달하는 기술

메시지가 없는 이야기만큼 따분한 것도 없다

5장의 주제는 비교다. 똑똑한 사람의 화법을 잘 관찰하면 능숙하게 비교 표현을 사용한다는 것을 알 수 있다. 특히 비즈니스 현장에서는 비교가 포함되지 않은 대화는 거의 없다고 해도 과언이 아니다. 뒤집어 말하면 비교가 없는 대화는 비즈니스 대화가 아니라 그저 수다에 불과하다고 말할 수 있다. 왜 이렇게까지 비교가 중요할까? 똑똑한 사람은 구체적으로 어떻게 비교 표현을 이용해서 말할까?

당신은 말을 할 때 의미 부여를 많이 하는 편인가? 의미 부여란 말 그대로 어떤 것에 의미를 부여하는 것이다. 어쩌면 '메시지 담기'라는 표현이 더 와닿을지도 모르겠다. 구체적인 예를 한번 살펴보자.

"현재 우리 회사의 매출액은 10억 원입니다."

당신이 누군가로부터 이런 말을 들었다. 그러면 당신은 어떤 인상을 받는가? 우선 그다음 말을 기다린다. 이 문장만으로는 '그래서 뭐?', '어쩌라고?'라는 생각이 든다. 표현 자체에 문제가 있는 것은 아니지만 부족한 것이 있다. 그럼 다음 예시는 어떤가?

"현재 우리 회사의 매출액은 10억 원으로 비교적 순조로운 성장세를 이어 가고 있습니다."

전달하는 방법과 받아들이는 방법이 달라졌다. 10억 원이라는 사실에 의미가 부여되었다. 당신은 이 말을 듣고 '참 다행이네요', '그 이유가 무엇이지요?'라는 반응을 한다. 즉, 후자의 말을 들은 경우에는 커뮤니케이션이 성립된다는 뜻이다.

전자와 후자의 차이는 의미 부여가 되었는지의 여부 즉, 메시지의 유무다. 의미 부여가 안 되는 방법으로 말을 하면 커뮤니케이션이 성립하지 않는다. 의외로 이런 대화가 일상적으로 많이 오간다. 아무 메시지도 담겨 있지 않은 말을 하염없이 듣고 있다고 상상해보라.

> 현재 우리 회사의 매출액은 10억 원입니다. 1975년에 창업해서 직원은 5명입니다. 회사에서 주력으로 판매하는 제품은 ○○, □□, △△ 세 가지고 창업 초기부터 꾸준히 만든 제품입니다. ○○는 사장님이 직접 개발한 제품으로 처음부터 수많은 고객에게 사랑을 받았습니다. □□는 ○○의 제2탄이라는 형태로 탄생한 제품이고 △△는 당시 직원들이 모두 함께 참여해서 고안한 참신한 디자인의 상품입니다. 사장님은 온화한 성격으로 부모님이 가게를 경영하셔서 어린 시절부터 장사에 관심이 많았다고 합니다. 현재는 직원들도 좋은 제품을 개발해서 많은 사람에게 기쁨을 주기 위해 일치단결해 분발하고 있습니다. 우리 회사의 슬로건은 ….

당신은 아마도 '그래서 뭐?', '어쩌라고?'라는 생각이 들 것이다. 한마디로 따분한 이야기라는 인상이다. 특히 비즈니스 현장에서는 의미 부여가 되지 않은 이야기만큼 따분한 것이 없다. 당신도 회의 시간에 메시지 없는 이야기를 하염없이 들었던 경험이 있을 것이다. 세상에는 따분한 대화가 넘친다. 그래서 생겨난 것이 '어떻게 하면 상대방을 따분하게 만들지 않는 대화를 할 수 있을까?'라는 의문이다. 그에 대한 답이 비교다. 앞의 사례를 떠올려보자.

"현재 우리 회사의 매출액은 10억 원입니다."
"현재 우리 회사의 매출액은 10억 원으로 비교적 순조로운 성장세를 이어 가고 있습니다."

전자의 내용에는 비교가 존재하지 않는다. 단순히 매출액이라는 사실만 이야기할 뿐이다. 하지만 후자는 다르다. '순조로운 성장세를 이어 가고 있다'는 말은 10억 원과 다른 무엇인가를 비교해서 생긴 메시지라는 사실을 알 수 있다. 작년 매출액과 비교했을 수도 있고 같은 업계의 경쟁사와 비교했을 수도 있지만 어느 쪽이든 비교 없이 이런 의미는 부여할 수 없다.

다음 항목부터는 비교하는 행위의 본질을 수학적 관점에서 설명한다.

비교란 뺄셈이다

결론부터 말하면 나는 비교를 다음과 같이 생각한다.

비교란 뺄셈이다.

예를 들면 내 나이는 이 책을 집필하는 시점에 46세다. 혹시 지금 이 문장을 읽으면서 순간적으로 자신의 나이와 비교하지 않았는가? 그리고 '나보다 나이가 조금 많구나'라거나 '나랑 동년배네'라는 식으로 생각했을 것이다. 그것을 다른 말로 하면 자신의 나이와 비교해서 그 차이를 밝힌 것이고 수학적으로는 뺄셈을 한 것이다. 그 결과, 당신은 내 나이에 대해서 의미를 부여했다.

앞에서 예로 든 매출액 10억 원이 '순조로운 성장세'라는 메시지는 10억 원이라는 숫자와 어떤 형태의 다른 숫자를 뺄셈한 결과다. 이것은 결코 숫자가 포함된 말에만 국한된 것이 아니다. 다음 표현의 차이도 비교를 통해 생겼다.

"이 마파두부, 맛있다!"
"이 마파두부, 지금까지 먹어 본 것 중에서 제일 맛있다!"

어느 쪽이 맛있다는 의미가 정확히 전달되는지는 물어볼 필요도 없다. 이처럼 사실만 전달하는 것이 아니라 그 사실의 의미를 전달할 필요가 있는 상황에서 비교는 무척 중요하다. 여기서 내가 어떤 공식 석상에서 강의한 '수치화(數値化)의 본질'이라는 주제의 요약본을 소개한다.

왜 수치화가 어려운가 하면 구체적으로 말해야 한다는 각오가 필요하기 때문입니다. 간단한 예를 들어 어떤 직장인이 '내년 목표는 올해 이상으로 분발하는 것입니다'라고 말했습니다. 이것은 수치화되어 있지 않습니다. 한편 다른 직장인은 '내년 목표는 올해에 비해 10억 원 더 많은 매출을 달성하는 것입니다'라고 말했습니다. 이쪽은 수치화가 되어 있습니다.
이 차이는 명확하고 구체적인 각오가 있는지의 여부입니다. 왜냐하면 10억 원이라는 구체적이고 명확한 선언은 만약 매출이 10억 원에 달성하지 못했을 때 사람들로부터 '목표 달성을 하지 못했다'는 평가를 받습니다. 직장인에게 이것은 공포에 가깝습니다. 하지만 '무조건 분발하겠습니다'라며 애매하게 말을 하면 미달성이라는 평가도 없겠지요. 인간이기 때문에 이쪽을 선택하는 기분도 충분히 이해할 수 있습니다. 하지만 어느 쪽이 직장인으로서 멋있는지 혹은 유능한지의 관점에서 비교하면 당연히 수치화하는 쪽이라고 할 수 있습니다. 사례를 통해서 제가 하고 싶은 말은 직장인은 어떤 마음가짐으로 일하는지가 매우 중요하며 그것으로 성과가 결정된다는 사실입니다.

사실 이 이야기의 구성이야말로 뺄셈의 전형이다. 두 직장인의 사례에 그 차이(뺄셈의 결과)가 무엇인지를 나타내고 있으며 거기에 의미를 부여한 메시지로 말하고 있다. 이렇듯 우리는 숫자가 없어도 뺄셈을 할 수가 있고 그것은 말하는 행위에서 매우 유효할 때가 있다. 이 책에서 제안하는 수학적 화법의 단적인 예라고 할 수 있다.

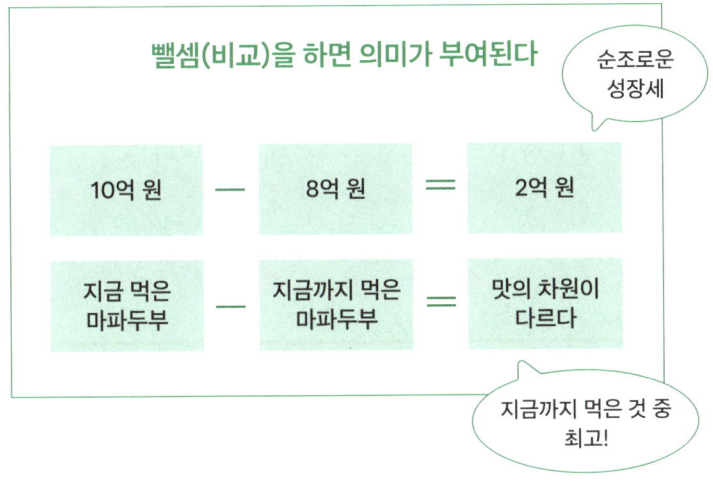

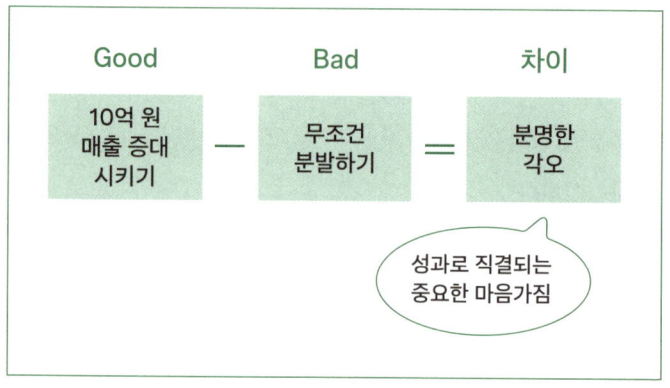

　탤런트이자 입시 학원 강사로 활약하고 있는 하야시 오사무의 사례를 소개한다. 하야시는 입시 학원 강사로 사물을 알기 쉽게 설명하는 데 프로이며 그의 화법은 말하기의 본보기라 할 수 있다. 하야시는 원래 수학을 가르쳤다고 한다. 매체에서 발언할 때 수학의 중요성에 대해서 언급하는 경우가 여러 번 있는 것으로 보아 틀림없이 몸속에 수학적 DNA가 존재하는 사람이다. '수험생이 꿈을 향해 전진하는 데 필요한 준비'라는 질문에서 하야시는 다음과 같이 말했다.

우선은 각오를 정합니다.
어디서, 무엇을, 어떻게 할 것인가를 면밀하게 정해서 행동을

개시하는 것이 준비라고 생각합니다.

【참고】moviecollectionjp

지극히 간결한 답이다. 누구나 할 수 있는 말인지는 모르겠지만 하야시가 그 말을 했기에 더욱 설득력 있게 느껴진다. 얼핏 보기에는 무엇인가를 비교한 내용으로 보이지 않지만 나에게는 비교라는 것이 분명하게 느껴진다. 이 말에 어떤 A와 어떤 B를 비교한 표현은 없다. 하지만 분명히 어떤 A와 어떤 B가 존재한다.

A : 꿈을 이룬 수험생
B : 꿈 실현에 실패한 수험생

하야시는 베테랑 강사다. 지금까지 수많은 A와 B를 보았을 것이다. 그리고 그 차이를 눈으로 직접 보았다. 지극히 간결한 이 답이 앞에서 소개한 수치화의 본질 사례와 흡사한 구조다. 그런 의미에서 우리의 대화 중에는 직접적인 비교 표현 없이도 비교를 통해 생긴 메시지가 사용되는 경우가 많다. 특히 비즈니스 현장에서는 그 빈도가 훨씬 높다. 5

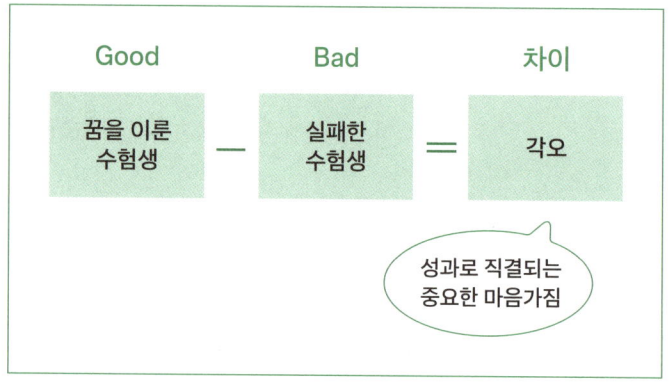

장을 시작할 때 언급했듯이 비교가 없는 대화는 비즈니스 대화가 아니라 수다에 지나지 않는다.

시간축을 비교해서 말하라

지식층이라 불리는 사람과 설명에 능통한 사람의 해설을 듣다 보면 비교에 어떤 일관된 경향을 느낄 수 있다. 그것은 시간축(時間軸)을 비교해서 말한다는 것이다. 예를 들면 게이오 대학 교수인 미야타 히로아키를 살펴보자.

그는 데이터 사이언스를 전문으로 하는 과학자이며 앞에서 소개한 하야시 오사무처럼 몸속에 수학적 유전자가 있는 인물이다. 말에 논리가 정연해 직장인들이 본보기로 삼으면 좋을 인물이다. 코로나 팬데믹 시기에는 여러 매체에 등장해 과학적 입장에서 인류가 어떻게 감염병과 싸워야 하는지를 알기 쉽게 설명하곤 했다. 코로나 팬데믹이 주제일 때는 일본과 여러 나라를 비교하면서 설명하는 일이 많았는데 그 외 주제에서도 말하는 내용을 자세히 들으면 비교를 많이 사용한다는 것을 알 수 있다.

미야타 교수가 오키나와 과학기술대학원 대학의 피터 그루스 학장과 대담했을 때 발언을 소개한다. 과학자를 목표로 하는 다음 세대에게 건넬 메시지를 요청받은 교수는 다음과 같이 말했다.

여러분, 불과 얼마 전 석사 학위가 비즈니스에 도움이 될지 방해가 될지 불분명한 시대도 있었지만 앞으로는 달라질 것입니다. 과학을 깊이 연구하는 일은 과학자가 되는 것과는 별개로 인생에서 무척 중요하면서도 필요 불가결한 체험이라고 생각합니다. 앞으로도 여러분과 함께 과학을 즐기고 싶습니다.

【참고】OIST

'과학이란 인생에서 무척 중요하면서도 필요 불가결한 체험이라고 생각합니다. 앞으로도 여러분과 함께 과학을 즐기고 싶습니다'라는 말을 하기 전에 굳이 '얼마 전'과 '앞으로'를 비교하면서 이야기를 하고 있다. 비교를 통해서 의미 부여를 한 결과다.

미야타 교수뿐 아니라 이른바 학자로 활약하는 사람들이 하는 말을 들으면 시간축 비교를 통해 '지금'이나 '앞으로'를 논하는 대목이 많다. 아마도 그들은 지금 세상이 어떻게 돌아가는지, 앞으로의 세상은 어떻게 변해 갈지에 대해 지대한 관심이 있으며 항상 그것과 과거를 비교하는 것이 습관화되었기 때문일 것이다. 다시 말해서 '시대의 변화에 무척 민감하다'는 뜻이다. 나도 연수에서 '지금 필요한 일'이나 '지금 해야 할 일'을 강조할 때 시간축 비교를 자주 사용한다.

현대는 디지털 변환(Digital Transformation, DX) 시대로 불리는데 10년 전과는 전혀 다른 세상이 되었습니다. 예전 업무 방식으로는 승산이 없는 시대가 된 것입니다. 이제는 데이터 활용을 기본으로 하는 업무 방식으로 바꾸지 않으면 안 됩니다. 예전에는 스무 살 전후가 되면 더는 학생이라 불리지 않았습니다. 하지만 지금은 다릅니다. 리커런트 교육(recurrent education, 이미 사회로 진출한 성인이 학교로 되돌아가서 교육 받는 것을 보장하는 내용 등을 담은 교육이론_옮긴이)이 상식이 되어 성인도 단계에 맞추어 몇 번이고 배움을 업데이트하는 시대가 왔습니다. 극단적인 말처럼 들릴지 모르겠지만 앞으로는 평생 몇 번이고 대학에 가는 것이 상식이 될 수도 있습니다.

이런 시간축 비교는 일부 사람들에게만 필요한 것은 아니다. 당신이 경영이나 매니지먼트 일을 한다면 직원들에게 '앞으로 필요한 일', '앞으로 변하지 않으면 뒤처지는 일'에 대해서 말하고 설득해야 하는 순간이 올 것이다. 앞으로는 시간축 비교를 통해 의미 부여하는 것을 의식하면서 말해 보자.

복수의 비교를 사용해서 말하라

수학적인 관점에서 비교는 한 번이 아니라 복수로 하는 편이 조금 더 구체화된다. 예를 들어 어떤 자연수 x는 10보다 크다고 하자. 이것이야말로 2개의 숫자를 비교하는 것인데 이것을 수학에서는 다음과 같이 표기한다.

$x > 10$

이것만으로는 x가 구체적으로 어떤 수인지 알 수 없다. 100일 수도 있고 11일 수도 있다. 후보는 무한으로 존재한다. 하지만 x는 15보다 작다는 비교가 하나 더 있다고 하자. 이를 수학에서는 다음과 같이 표기한다.

$10 < x < 15$

그렇다면 x로 생각할 수 있는 수는 11, 12, 13, 14 중 하나이며 x라는 수의 모습이 보다 구체화되었다. 이처럼 수학에서는 비교가 많으면 많을수록 비교 대상이 구체화된다.
이 원리를 커뮤니케이션에 적용하면 어떨까? 당신이 '오늘 영화는 재미있었어'라는 감상평을 남겼다고 하자. 하나의 비교 요소를 넣은 것과 2개의 비교 요소를 넣은 것으로 각각 표현한다.

"오늘 영화는 지난 편보다 재미있었어."

"오늘 영화는 지난 편보다 재미있었어. 3년 전에 본 원작에는 못 미치지만 말이야."

물론 전자로 말해도 전달은 되지만 후자 쪽이 어느 정도로 재미있었는지 보다 구체적으로 전달한다. 이런 감각을 갖추면 당신이 말하는 내용에는 항상 구체성이 더해진다. 일반적으로 우리는 구체적이지 않은 이야기를 별로 환영하지 않는다. 사람들과 대화할 때 '구체적으로는?', '어느 정도로?'라는 질문을 많이 받는다면 그 빈도를 가능한 한 줄이려고 노력하는 것이 좋다.

"저 고졸 루키 축구 선수는 좋은 선수인 것 같아."
"저 고졸 루키 축구 선수는 최근 들어 기량이 좋아졌어."
"저 고졸 루키 축구 선수는 최근 들어 기량이 좋아졌어. 하지만 세계 기준과 비교하면 아직은 평범한 수준이야. 그런데 기대가 되는 건 사실이지."

보다시피 세 번째 내용이 가장 구체적이고 '어느 정도로 좋은 선수인지'가 전달된다. 그 이유는 비교의 수가 많기 때문이다.

구체적인 내용이 요구되는 장면에서는 복수의 비교를 사용해서 말하라.

평소에도 가능한 한 '구체적으로는?', '어느 정도로?'라고 되묻는 질문에 민감해질 것을 권한다. 여기서 민감해지라는 말은 그런 질문을 받지 않도록 말을 할 때 의식하라는 것이다. 다음 문제를 풀어보자.

> 【실전 문제 15】
> 당신이 좋은 회사로 생각하는 기업을 하나 고른다. 그 기업이 얼마나 좋은 회사인지를 복수의 비교 표현을 사용해서 구체적으로 말해보자. '구체적으로는?', '어느 정도로?'라는 질문을 받지 않도록 의식하면서 작성하자.

설득력 있는 말의 메커니즘

복수의 비교는 이야기를 구체적으로 만들 뿐 아니라 설득력을 높이는 효과도 있다.

"현재 우리 회사의 매출액은 10억 원입니다. 작년에는 8억 원이었고 순조로운 성장세를 이어 가고 있습니다."

"현재 우리 회사의 매출액은 10억 원입니다. 작년에는 8억 원이었고 동종 업계는 전년 대비 10퍼센트 하락했다는 데이터도 있습니다. 그렇다면 순조롭게 성장세를 이어 가고 있다고 말할 수 있지 않을까요?"

두 문장을 비교했을 때 '순조롭게 성장세를 이어 가고 있다'라는 주장에서 설득력 있는 쪽은 후자다. 우선 10억 원과 8억 원을 비교함으로써 '순조롭게 성장세를 이어 간다'는 의미 부여를 했고 동종 업계와 비교함으로써 '성장세를 이어 간다'는 의미 부여를 더했다. 만약 당신이 어떤 상황에서 A라는 주장을 하고 거기에 설득력을 더하고 싶다면 가능한 한 복수의 A, 의미 부여가 가능한 비교를 많이 사용하는 것이 효과적이다.

비교 X → A라는 의미 부여
비교 Y → A라는 의미 부여
비교 Z → A라는 의미 부여
↓
이상으로 A다(설득력 있다!)

이것이 설득력 있는 말의 메커니즘으로 전형적인 문구는 직장인이라면 누구나 한 번쯤 들어 본 적 있고 비교의 정석이라 할 수 있는 아래의 표현이다.

"A입니다. 제가 그런 주장을 하는 근거는 다음 세 가지입니다."

당신이 직장인이라고 하자. 자신의 회사가 경쟁사보다 좋은 회사라는 것을 어떻게 설명하면 좋을까? 설득력 있는 주장을 펴고 싶다면 '경쟁사보다 좋은 회사다'라는 의미 부여를 할 수 있는 복수의 비교를 준비해야 한다. 그것을 세 가지로 한다면 예를 들어 '영업 실적', '대학생 선호도 랭킹', '공식 SNS 계정 팔로워 수(실제 팬의 숫자)'를 비교한 후에 그렇게 주장할 수도, 다른 식의 비교도 얼마든지 할 수 있다.

'다음 세 가지입니다'라는 정석 같은 문구는 앞에서 소개한 분해다. 그런 의미에서 설득력 있는 말의 메커니즘을 최대한 간략하게 표현하면 다음과 같다.

분해해서 비교한다.

'분해해서 비교한다'라는 템플릿을 항상 사용하는 사람은 '설득력 있는 말을 하는 사람'이다. 설득력이란 무엇인지, 분해와 비교 요소를 넣는 것이 얼마나 중요한지를 체험하고 이해하기를 바라는 마음에서 조금 까다로운 문제를 준비했다.

【실전 문제 16】
당신이 '훌륭한 인재'라는 것을 설득력 있게 말해보자.
단, 이야기의 구성 요소는 하나만 허용되며 비교는 금지다.
자신이 '훌륭한 인재'로 생각되지 않는다면 지인 중에서 당신이 '훌륭한 인재'로 생각하는 누군가를 대상으로 하여 말해보자.

복수의 요소로 분해해서 말할 수 없고 무엇과 무엇을 비교해서 말할 수도 없다. 설득력 있는 말을 하고 싶을 때 그것이 얼마나 불편한지를 알게 되었으리라 생각한다. 설득은커녕 말을 한마디도 꺼낼 수 없다는 사람도 있다.

이번에 소개한 설득력 있는 말의 메커니즘이 매우 중요하다는 것은 이제 완전히 이해했으리라 생각한다. 다음 이야기로 넘어가기 전에 여담 하나를 살펴보자.

"A입니다. 제가 그런 주장을 하는 근거는 다음 세 가지입니다."

전형적인 이 말에 대해서 신선함이나 재미라고는 하나도 없다고 느끼는 사람이 있다. 하지만 '정평이 난 것'에는 분명한 이유가 있다. 맥주 안주의 전형이 에다마메(찐 완두콩)인 것에는 분명 이유가 있다. 어떤 설에 따르면 맛의 기본이 다 모인다고 한다. 맥주의 쓴맛과 신맛, 에다마메의 단맛, 짠맛, 감칠맛이 어우러져 맛의 5대 요소가 다 만난다는 것이다. 사실의 진위 여부를 떠나서 '정평이 난 것에는 반드시 이유가 있다'는 것을 기억하기 바란다.

숫자로 말하기보다 비교해서 말하라

나의 주된 활동은 숫자에 강한 인재와 조직 만들기를 돕는 일이다. 직장인 대상으로 연수나 컨설팅을 제공하는 현장에서는 '숫자로 대화하기'를 강력하게 요구한다. 숫자로 대화하는 사람이 더 설득력 있는 내용으로 말할 수 있을 뿐 아니라 결과적으로 상대를 움직일 수 있는 위치에 서기 때문이다. 나는 '수회화(數會話)'라는 독자적인 용어를 사용해서 연수 참가자들을 지도한다.

한때 몹시 힘들었던 시기가 있었다. 연수 참가자들에게 숫자로 대화할 것을 아무리 강조해도 실제로 현장에서는 제대로 실현되지 않았다. 왜 그런지 깊이 고민한 결과 마침내 이유를 발견했다. 연수생들은 '숫자로 말하기'의 중요성은 충분히 인식하고 있었다. 그러나 예상치 못한 곳에 복병이 도사리고 있었다. 그것은 바로 다음과 같다.

- 대화를 위한 숫자를 어떻게 준비해야 할지 모르겠다.
- 어떤 숫자를 사용해서 수회화를 하는 게 정답인지 모르겠다.
- 단순히 데이터를 나열할 뿐 의미 부여가 안 된 대화가 되고 만다.

당시 나는 마땅히 해야 할 것을 충분히 설명했다고 생각했다. 하지만 구체적으로 어떻게 해야 하는지에 대해 지도하는 일을 소홀히 했다. 즉, '동작'을 가르치지 않았던 것이다. 그런 단순한 것은 스스로 조금만 생각하면 알 수 있을 것이라고 생각한 것이 실수였다. 하지만 이 세상에 존재하는, '알고는 있지만 실제로는 할 수 없는' 수많은 것의 대부분은 '동작'을 제대로 배우지 못해서 생긴 일이다.

그래서 나는 어떤 가설을 세웠다. '숫자로 대화하기'를 가능하게 하는 '동작'을 가르치면 누구나 수회화를 할 수 있다. '동작'은 비교하는 것이다.

지금까지 여러 번 설명했듯이 우리는 비교를 통해서 의미 부여를 한다. 그렇다면 가장 비교하기 쉬운 언어를 사용하는 것이 의미 부여도 쉽다. 그러면 두말할 것도 없이 그 언어는 숫자다. 나는 메시지를 '숫자로 말하기'가 아니라 '비교해서 말하기'로 바꾸었다. 비즈니스 현장에서 말을 할 때는 반드시 무엇과 무엇을 비교하는 이야기를 하라고 지도했다. 그랬더니 흥미롭게도 연수 참가자들이 자연스럽게 수회화를 할 수 있게 되었다. 자기 회사의 이야기를 하고 싶으면 반드시 무언가(경쟁사나 시장 상황 등)와 비교해서 말했다. 비교하기 위해서는 반드시 숫자가 필요하다. 굳이 의식하지 않아도 거의 자동으로 숫자를 넣어서 말했다. 숫자를 사용한 비교로 의미 부여를 한 대화는 설득력 있는 내용이 되었다.

숫자로 대화하는 사람의 사고 회로

비교해서 말하려고 한다.

↓

숫자가 필요하다.

↓

숫자를 통한 비교를 할 수 있다.

↓

설득력 있는 의미 부여가 가능하다.

↓

최적화된 수회화가 된다.

만약 당신에게 수회화가 필요하다면 '숫자로 말하기'보다 '비교해서 말하기'로 사고하는 것이 중요하다. 비교하는 동작이 수회화를 만들고 수회화가 가능한 사람과 조직이 좋은 성과를 낸다. 과장이 아니라 비즈니스의 성과나 생산성으로 직결되는 중요한 사실이다.

매직 워드는 대비로 설명한다

지금부터 수회화를 잘하는 비결을 소개한다. 다음 문장을 입버릇처럼 말해보자.

"A와 B를 비교하면서 설명하겠습니다."

무엇인가를 설명하고 싶을 때 서두에 이 말을 사용하면 좋다. 이 말이 몸에 배어 있다면 필연적으로 비교하는 동작도 습관화되어 있을 것이기 때문이다. 나도 연수 현장에서 중요한 설명을 할 때는 반드시 대비를 사용해서 설명한다. 몇 가지 사례를 살펴보자.

사례 1

"여러분은 어떤 일을 하십니까?"라는 아주 단순한 질문에 대해서 ○○○라고 대답한 영업직 사원과 ×××라고 대답한 영업직 사원이 있습니다. 차이가 무엇일지 지금부터 두 사람을 비교하면서 설명하겠습니다.

사례 2

어떤 경영 컨설턴트로부터 들은 이야기인데 비교를 통해서 설명하겠습니다. 실적이 좋은 기업의 경영자와 유감스럽게도 부진을 면치 못하는 기업 경영자의 경우, '이것'이 정반대라고 합니다. 전자는 …이고 후자는 …입니다.

사례 3

데이터를 이용해서 상사를 설득하는 일을 한다고 상상해 봅시다. 모두 같은 소스의 정보를 이용하지만 실제로는 아주 작은 차이가 결과를 크게 좌우합니다. 지금부터 차이가 무엇인지 비교를 통해 설명하겠습니다.

세 가지 사례 모두 무엇과 무엇을 비교함으로써 의미 부여를 하고 메시지를 전달한다는 것을 분명하게 알게 되었으리라고 생각한다. 비교를 사용해서 말하는 것을 가능한 한 빨리 습관화하고 싶은 사람에게는 이 방법이 가장 효과적이다. 바로 비교하는 동작을 자신에게 강제적으로 주입시키는 매직 워드다.

한편 이 말을 서두에 꺼내는 것의 장점은 따로 있다. 본론에 들어가기 전에 당신이 하는 이야기 구성을 상대방과 공유할 수 있다. 서두에 '포인트가 세 가지 있습니다'라고 말한 후에 설명을 시작하면 듣는 사람은 본론으로 들어가기 전에 '이 사람은 지금부터 세 가지 이야기를 하는구나'라고 인식한다. 당신은 그대로 세 가지 이야기를 한다. 그것은 듣는 사람이 인식하고 있는 그대로의 구성이기 때문에 스트레스 없이 편하게 들을 수 있고 이해하기도 쉽다.

마찬가지로 서두에 '비교를 통해서 설명하겠습니다'라고 말함으로써 듣는 사람은 본론으로 들어가기 전에 '이 사람은 지금부터 무엇과 무엇을 비교하는 이야기를 하려는구나'라고 인식한다. 당신은 그들이 인식하는 대로 비교를 사용해서 말을 한다. 그것은 듣는 사람이 인식하고 있는 그대로의 구성이기 때문에 스트레스 없이 편하게 들을 수 있고 이해하기도 쉽다.

이처럼 본론에 들어가기 전의 한마디는 화자와 청자의 인식을 공통된 것으로 만든다. '서두의 한마디'는 매우 심오한데 연수 강사의 커리어를 통해 축적한 나만의 테크닉이다.

> 【실전 문제 17】
> 오늘부터 일주일 동안 가능한 한 본론으로 들어가기 전에 'A와 B를 비교하면서 설명하겠습니다'라는 말을 습관화하자. 실제로 그 루틴으로 말을 했을 때 상대방의 반응이 좋으면 이 방식을 습관화하자.

비교는 어떻게 하는가?

많은 사람이 궁금하게 생각하는 주제를 살펴보자. 지금까지 연수 지도 현장에서 여러 차례 이 질문을 받았다.

"비교해서 말하는 것이 중요하다는 것은 잘 알겠어요. 하지만 비교를 한다 해도 비교 대상은 무한정하잖아요. 도대체 무엇과 비교해서 말하는 것이 정답인지 상황 자체를 잘 모르겠어요. 어떻게 생각해야 할까요?"

좋은 질문이다. 이 세상에는 비교할 대상이 얼마든지 있다. 내 나이인 46이라는 숫자는 90세와 비교하면 '아직 젊다'의 의미고 20세와 비교하면 '노인으로 접어드는 길'이라는 의미가 부여될 수 있다. 당신도 현장에서 무엇과 무엇을 비교해서 말하는 것이 정답인가라는 의문이 분명히 들 것이다. 이때 필요한 관점은 두 가지뿐이다.

① 당신이 하고 싶은 의미 부여가 가능한 비교를 선택할 것
② 상대방이 그 비교 대상을 잘 알고 있을 것

우선 ①에 대해서는 굳이 설명할 필요가 없다. 46세를 '아직 젊다'라는 의미를 부여하고 싶은 사람이 20세와 비교하지는 않을 것이다. 그래서 포인트가 되는 것이 ②라고 할 수 있다. 무한정한 비교 대상 중에서 어느 것을 선택하는 것이 정답일까 하는 의문에 대한 답은 그 상대가 비교 대상을 잘 알고 있는지, 구체적인 이미지를 떠올릴 수 있는지의 여부다.

예를 들어 당신이 일본이라는 나라의 특징을 중국인에게 설명해야 한다고 하자. 이때 어느 나라와 비교해서 설명하는 게 가장 이해시키기 쉬울까? 정답은 중국이다. 그 이유는 단순 명쾌하다. 중국인은 중국에 대한 것이라면 쉽게 떠올릴 수 있기 때문이다. 모르는 것과 비교하면 상대방은 이해하지 못한다.

우리는 무엇과 무엇을 비교하는 것과 거기에 자신에게 유리한 의미를 부여하는 것, 그리고 설득력 있게 말하는 법 같은 것에만 집착한 나머지 지극히 당연한 것을 잊어버리는 경우가 종종 있다. '이미지가 딱 떠오르지 않아', '무슨 말인지 잘 모르겠어', '무슨 말을 하려는 건지…'라는 대화가 오늘도 세계 어딘가에서 오가고 있다. 왜냐하면 대부분은 '일본의 특징을 중국인에게 설명해야 하는 상황에서 웬

일인지 미국과 비교해서 말하고 있기' 때문이다. 나도 대원칙을 잊지 않고 비교라는 동작을 신중히 하기 위해 항상 경각심을 일깨운다. 따라서 커뮤니케이션이란 자신이 출발점이 아니라 상대방이 출발점이 되어 말을 선택하는 작업이다. 이제 연습을 위해 문제를 풀어보자.

【실전 문제 18】
실전 문제 17의 도전에 '상대방이 모르는 것과 비교해서 말하지 않도록'이라는 과제를 더해서 말해보자.

CHAPTER 6

구조화시켜 말하라

조금 더 깊이 있게 전달하기

다르지만 같은 느낌이란?

어떤 인터뷰 취재에 응했을 때의 일인데 취재하러 온 기자가 한 말이 무척 인상적이었다.

"후카사와 씨는 구조적으로 말씀하시네요. 그래서 알아듣기가 쉽고 설득력 있어요."

순간 깜짝 놀랐다. 마치 내 머릿속을 들여다보는 것처럼 나의 모든 것을 꿰뚫어 보는 듯한 느낌이 들었기 때문이다. 또 한 번은 트위터에 올라온 내 책에 대한 서평 중에 이런 코멘트가 있었다.

"책을 읽을수록 문장 구성이 깔끔하다는 것이 느껴진다."

솔직히 말해서 기분이 좋았다. 내가 전달하고자 하는 행위의 본질을 사람들이 알아주었기 때문이다. 지금 나는 자랑하는 것이 아니다. 내가 왜 이런 평가를 받았는지에 대한 이유를 설명하는 것뿐이다. 인터뷰를 취재한 기자나 트위터에 서평을 남겨준 사람이 내 말을 듣거나 읽으면서 깨달았던 것을 6장에서 설명한다.

그 전에 구조라는 개념과 수학적 관점과의 관계에 대해서 살펴보자. 사실 수학이란 구조로 설명하는 학문이다. 구체적인 예를 살펴보자. 다음과 같은 2개의 수학 문제가 있다. 이 두 문제가 같은 문제라는 것을 눈치챌지 모르겠다.

문제 1

A는 저축한 돈이 50만 엔 있다. 지금부터 한 달에 2만 엔씩 저축하려고 한다. 한편 B는 저축한 돈이 10만 엔 있다. 지금부터 한 달에 3만 엔씩 저축하려고 한다. 그러면 B의 저축액이 A의 저축액을 넘어서는 것은 지금부터 몇 개월 후일까?

문제 2

A 상사는 누적 매출 30억 엔을 달성했다. 현 상태에서 앞으로 하루에 500만 엔씩 매출액을 늘린다고 가정하자. 한편 B 상사는 누적 매출 10억 엔을 달성했다. B 상사는 신규 사업을 시작해서 앞으로는 하루에 700만 엔씩 매출액을 늘린다고 가정하자. 그러면 B 상사의 누적 매출액이 A 상사의 매출액을 넘어서게 되는 것은 이제부터 얼마 후가 될까?

소재와 명칭, 구체적인 숫자 등은 전혀 다르다. 하지만 두 문제는 수학적으로 같은 구조를 가진 문제다. 문제 1에서 구하는 수를 x로 놓으면 긴 설명을 다음 한 줄로 표현할 수 있다.

$50 + 2x < 10 + 3x$

만약 정답을 얻으려면 부등식을 x에 대해서 풀면 된다. 정답은 41개월 후다. 문제 2도 구하는 수를 x로 놓으면 긴 설명의 문제를 다음 한 줄로 표현할 수 있다.

$3000 + 5x < 1000 + 7x$

구체적인 숫자는 완전히 다르다. 하지만 구조라는 관점에서 비교하면 두 문제는 완전히 같다고 할 수 있다. 2개의 문제는 공통으로 다음 세 가지가 포함되어 있으며 이 세 가지로 만들어진 문제로 볼 수 있다.

- 구해야 하는 미지수가 하나 있다.
- 그러기 위해서는 두 가지 조건이 필요하다.
- 그 2개는 대소 관계가 주어졌다.

여기에서 아주 중요한 것은 '문제 1을 풀 수 있으면 문제 2도 풀 수 있다'는 것이다. 수학은 같은 구조의 문제일 경우, 한쪽 문제가 풀리면 반드시 다른 한쪽의 문제도 풀 수 있는 학문이다. 반경이 5센티미터인 원의 면적을 구할 수 있는 사람은 반경이 10센티미터인 원의 면적도 구할 수 있다. 문제의 구조가 같기 때문이다. 이런 사고방식은 대화할 때 많은 도움이 된다.

예화가 포함되면 설득력이 높아진다

추상적이고도 수학적인 주제가 커뮤니케이션과 어떤 연관이 있는 것일까?

A와 B가 같은 구조라면 A를 이해하는 사람은 B도 이해할 수 있다.

이것이 사실이라면 상대방에게 무엇인가를 이해시키는 행위 즉, 전달하고 설득하는 행위를 할 때 무척 중요한 접근 방법이 될 것이다. 구체적으로는 예화를 들어 말하면 도움이 된다. 일반적으로 우리가 대화할 때를 생각해보자. 하려는 말이 상대방에게 제대로 전달이 안 될 때, 우리는 예화를 통해서 이해시키려는 경향이 있다. 몇 가지 예를 살펴보자.

재택근무를 시행하지 않는 기업
→ 온라인 수업을 시행하지 않는 학교와 같다.

비즈니스를 할 때 시장과 경쟁사의 동향을 분석하지 않고 의사 결정을 남발하는 것

→ 어둠 속에서 권투 하는 것과 같다.

'언젠가 하겠지'라는 말은 스스로 자기 무덤을 파는 것
→ 방학 숙제를 개학 직전에 몰아서 하는 초등학생과 같다.

첫 번째 사례인 '재택근무를 시행하지 않는 기업'을 소재로 설명해보자. 당신이 아이들이나 학생들에게 재택근무를 시행하지 않는 기업이 있다는 사실을 전달하려고 한다. 하지만 상대는 아이고 학생이지 직장인이 아니다. 그것을 액면 그대로 전달한들 언어 그 자체는 이해할 수 있어도 '정말 그렇구나!'라며 깊은 공감대를 형성하기는 어렵다. 하지만 '온라인 수업을 시행하지 않는 학교가 있는 것처럼 재택근무를 시행하지 않는 기업도 있는 거야'라고 설명하면 학생들도 어느 정도 상상이 된다. '재택근무를 시행하지 않는 기업'을 A로 하고 '온라인 수업을 시행하지 않는 학교'를 B로 상정해보자. 학생들은 A는 전달해도 알아듣지 못한다. 하지만 B는 알아듣는다. 그렇다면 B와 A는 같은 것, 혹은 비슷하다는 것을 전달함으로써 A도 이해시킬 수 있다. 이것이 예화로 상대방을 이해시키는 메커니즘이다.

A를 이해하지 못한다.

↓

A = B (A와 B는 같은 구조)

↓

B는 이해한다.

↓

A도 이해할 수 있다.

다시 말해서 예화를 떠올리고 예화를 사용해서 커뮤니케이션 하는 것은 무척 수학적이라고 할 수 있다.

분수를 피자로 설명하는 이유

어떤 물건을 다른 물건에 비유하는 것의 장점에 대해서 조금 더 살펴보자. 우리는 대화할 때 예화를 사용해서 상대방을 이해시키려는 경향이 있다. 가령 전달하려는 것을 A로 그것과 같은 구조를 한 예를 B라고 하자. B가 필요한 이유는 상대가 A를 이해하지 못하기 때문인데 다른 말로 하면 이렇게 된다.

"머릿속에 딱 하고 떠오르는 것이 없어서."

그림이 그려지지 않아서라고 해석해도 좋다. A가 전달되지 않는 것은 A의 내용이 틀려서가 아니라 상대방에게 해당 이미지가 딱 떠오르지 않기 때문이다. 그렇다면 B의 표현에서 요구되는 조건은 상대방 머릿속에서 이미지가 딱 떠오르는 말이면 된다는 것이다. 앞에서 다룬 '재택근무를 시행하지 않는 기업'과 '온라인 수업을 시행하지 않는 학교'의 예도 바로 여기에 해당된다.

다른 예를 살펴보자. 아이들에게 분수 계산을 가르치려고 한다. 그런데 분수라는 개념 그 자체가 잘 와닿지 않는 아이들이 많다면 어떻게 해야 분수의 의미를 이해시킬까 하고 전달 방식에 대해서 고민해야 한다. 그래서 분수와 같은 구조를 하고 또 아이들도 쉽게 이미지를 떠올릴 수 있는 다른 것으로 바꾸어서 전달해야 한다. 이것이 분수를 가르치는 교사가 피자를 예로 들어 설명하는 이유다.

따라서 당신이 어떤 예화를 말할 때 단순히 같은 구조의 예화라고 해서 다 전달되는 것은 아니다. 포인트는 상대방이 그 예화를 듣고 이미지를 딱 떠올릴 수 있는지가 정말 중요하다. 확인의 의미로 간단한 문제를 준비했다.

【실전 문제 19】
'선수와 매니저의 차이'를 초등학생이 알아들을 수 있게 설명하자. 초등학생에게 바로 와닿는 예화가 필요하다.

여담이지만 뛰어난 수학 교사는 어린이들도 알아듣기 쉬운 예화를 잘 든다. 분수의 예가 전형적인 예화이며 그밖에도 어떤 수학 교사는 미분 개념을 등산에 비유해서 설명하기도 하고 어떤 수학자는 휘어진 끈에 비유해서 설명하기도 한다. 상대방을 쉽게 이해시키고 소통 능력이 뛰어난 사람은 좋은 예화를 들어 말하는 능력도 뛰어나다.

매칭이 잘되는 예화 구성에 대한 발상

그렇다면 다음과 같은 의문이 자연스럽게 생길 수 있다.

"어떻게 하면 같은 구조의 다른 것을 발견할 수 있나요?"
솔직히 말해서 갑자기 어떤 것을 잘하게 되는 일은 거의 없다. 장기적으로 훈련이 필요한 것은 틀림없는 사실이다. 한편으로는 센스의 문제라며 쉽게 단정 짓고 그냥 지나치고 싶은 마음도 있다. 나는 운이 좋게도 학창 시절부터 수학에 푹 빠졌기 때문에 자연히 수학적 사고를 온몸으로 익힐 수 있었다. 그렇다고 당신에게 지금부터 나와 똑같이 하라고 주문하는 것은 현실적이지 않다. 그래서 바로 실천이 가능한 요령을 소개한다.

앞에서 소개한 사례 '비즈니스를 할 때 시장과 경쟁사의 동향을 분석하지 않고 의사 결정을 남발하는 것'에서 '어두운 곳에서 권투 하는 것'과 같은 예화가 생긴다고 설명했다. 이 예화를 들으면 '너무나도 무모한 행위'라는 것이 쉽게 전달된다. 이 예화는 친구가 가르쳐주었는데 그 친구가 왜 이 예화를 만들 수 있었는지 나의 가설도 곁들여서 설명한다.

힌트는 '그것을 구성하고 있는 것은 무엇인가?'라는 질문이다. '비즈니스를 할 때 시장과 경쟁사의 동향을 분석하지 않고 의사 결정을 남발하는 것'이라는 사건은 어떤 요소로 성립되어 있을까? 답을 간단한 조항으로 나누어 본다.

- 전쟁터에서의 이야기다.
- 적이나 장소 등 주변이 보이지 않는다.
- 의사 결정을 남발한다.

'비즈니스를 할 때 시장과 경쟁사의 동향을 분석하지 않고 의사 결정을 남발하는 것'이라는 사건에는 이 세 가지가 포함되어 있으며 이 세 가지로 구성된 사건이라고 할 수 있다. 여기서 세 가지를 충족시키는 다른 것의 존재를 생각해 보자. 쉽게 생각이 떠오르지 않으므로 이것을 최대한 단순화시키고 정보량을 최대한 덜어내 표현한다.

- 전쟁터
- 보이지 않는다.
- 남발

여기서는 상상력을 발휘해야 한다. 세 가지 키워드에서 떠오르는 것은 깜깜한 장소, 상대방이 보이지 않는데 펀치를 계속해서 날리는 복서의 모습?

비즈니스를 할 때 시장과 경쟁사의 동향을 분석하지 않고 의사 결정을 남발하는 것
→ 어둠 속에서 권투 하는 것

결국 이 두 가지는 '같은 구조의 다른 것'이다. 아마 그 친구는 이것을 한순간에 떠올렸을 것이다. 정작 본인은 자신이 어떻게 해서 이런 예화를 떠올렸는지 설명하지 못할 수도 있다. 하지만 모든 예화는 이런 사고방식의 결과로 만들어진다. 만약 이것이 이해된다면 오늘부터 '그것을 구성하고 있는 것은 무엇인가?'라는 질문을 습관화해서 어떤 사물을 다른 사물에 비유하는 훈련을 하라. 실전 문제를 준비했다. '어둠 속에서 권투 하는 것'보다 훨씬 더 이해가 쉬운 예화를 만들어보자.

【실전 문제 20】
'비즈니스를 할 때 시장과 경쟁사의 동향을 분석하지 않고 의사결정을 남발하는 것'을 다른 것에 비유해서 그것이 얼마나 무모한 일인가를 말해보자.

이 책은 어디까지나 커뮤니케이션이 주제이므로 이렇게 사물을 구조로 받아들이는 사고방식에 대해서는 더 깊이 있게 파고들지 않는다.

기대란 벡터다

이번에는 앞 조항의 사고방식이 얼마나 커뮤니케이션에 유효한지를 저명인사의 사례를 통해서 설명한다. 하야시 오사무는 인터뷰에서 다음과 같은 말을 했다.

기대란 벡터(Vector)다. 이런 인식을 갖는 것이 중요합니다.

【참고】moviecollectionjp

벡터란 수학에 등장하는 개념인데 간단하게 설명하면 수량과 방향 두 가지가 세트인 하나의 양이다. 당신이 지금 있는 장소에서 원하는 방향으로 한 걸음 나아간다고 하자. 어느 방향으로 가도 똑같은 한 걸음이고 수량으로는 같다. 하지만 북쪽을 향해서 한 걸음 나아가는 것과 동쪽을 향해서 한 걸음 나아가는 것은 수량은 같지만 방향은 다르다. '북쪽을 향한 한 걸음'과 '동쪽을 향한 한 걸음'은 다른 양이라고 정의하는 것이 벡터다.

하야시가 말한 기대와 벡터는 기대를 A로 했을 때 벡터가 B일 것, A와 B가 같은 구조라고 표현했다. 기대는 크다, 작다로 표현할 수 있으므로 수량으로 본다. 한편 기대라고 하는 것은 사람한테서 받는 것이기는 하나 어느 방향에서 받는가 하는 관점으로도 볼 수 있다. 당신이 직장인이라고 가정하고 상사로부터 기대를 받는다고 하자. 그 기대는 세일즈맨으로서의 실적을 바라는 것일 수도 있고 관리자로서의 성과를 기대하는 것일 수도 있다. 기대라는 것에는 반드시 방향이 있고 그 방향을 정확하게 인식하는 것이 중요하다.

- **수량으로 표현할 수 있다.**
- **방향이 있다.**
- **둘 중 어느 하나가 다르면 다른 것으로 정의한다.**

이 세 가지로 구성된 것이 무엇인가를 생각했을 때 수학에 정통한 하야시는 벡터가 머릿속에 떠올랐을 것이다. 기대라는 것을 벡터에 비유한 것은 두 가지가 같은 구조라는 생각의 결과이며 기대라는 것의 구조를 훌륭하게 표현한 말이라고 생각된다.

참고로 지금까지 기업 연수에서 해설할 때나 미디어 취재 등에서 자주 사용하는 표현이 있어서 소개한다.

- 고민은 뺄셈이다.
- 숫자란 언어다.
- 수학이란 다면체(多面體)다.

첫 번째 '고민은 뺄셈이다'에 대해서만 간단하게 설명한다. 고민이라는 것이 어떤 구조로 되어 있는지를 생각해보자. 나는 이상과 현실을 비교했을 때의 격차가 다음과 같은 구조로 되어 있다고 생각한다. 살찐 것에 대한 고민이 있다면 그것은 이상적인 체중과 현실의 체중 사이에 격차가 있기 때문이다.

(고민) : (이상) ~비교~ (현실)

이것과 같은 구조로 된 것을 생각했을 때 바로 떠오르는 것이 뺄셈이었다. 뺄셈이란 다른 두 가지를 비교해서 그 차이를 밝히는 행위다. 여기서 '비교란 뺄셈이다'라는 설명이 떠오른다면 지금까지의 훈련은 성공이다.

뺄셈 : (어떤 수 x) - (어떤 수 y)

고민과 뺄셈을 같은 구조로 인식할 수 있으므로 고민을 뺄셈에 비유했다. 나는 이 말을 직장인들에게 문제 해결에 관한 연수를 할 때 커뮤니케이션에 활용한다. 고민이란 해결하고 싶은 것이며 비즈니스의 경우에는 문제를 해결하는 것이기 때문이다. 실제로 다음과 같은 식으로 설명하면 연수 참가자들 모두가 잘 이해한다. 내 말이 제대로 전달되고 있는 것이다!

문제를 해결하고 싶다면 먼저 해결하고 싶은 문제를 정의해야 한다. 그리고 문제란 고민을 말한다. 여기에서 중요한 것은 고민이란 뺄셈이라는 것이다. 살이 쪘다는 고민이 있을 때 그것을 구체화하려면 이상적인 체중과 현재 체중의 뺄셈을 해야 한다. 따라서 문제를 해결하고 싶다면 먼저 이상과 현실이 구체적으로 무엇인지를 명확히 알아야 한다.

'숫자란 언어다'와 '수학이란 다면체다'도 마찬가지로 수학적 사고를 통해 만든 나의 창의적 표현이다. 의미에 대해서는 만약 인연이 닿아 직접 만날 기회가 있다면 그때 설명하도록 한다. 이제 문제를 풀어보자. 당신도 나와 같은 주제에 도전해서 훨씬 더 멋진 예화를 생각해보라.

【실전 문제 21】
- 숫자란 ○○○이다.
- 수학이란 ○○○이다.

각각 숫자, 수학의 본질을 쉽게 전달할 수 있는 표현을 생각해 보고 실제로 그 표현을 사용해서 누군가에게 설명하자. '정말 그렇구나!', '쉽게 이해가 되네!'라는 반응을 얻는다면 성공이다.

구조적 화법의 마법

나는 설명이라는 행위는 구조라고 생각한다. 구체적으로는 다음과 같은 틀로 말하는 것을 늘 염두에 두고 있다. 이것을 구조적 화법이라고 부른다. 설득력을 높이는 마법이다.

구조적 화법

A라는 설명을 한다.

↓

B라는 설명을 한다.

↓

A = B(A와 B는 같은 구조)라는 것을 설명한다.

↓

A(= B)의 내용에 설득력이 생긴다.

지금부터 구조적 화법으로 6장에서 제안한 '예화 만드는 법'이 실용적이라는 것을 다음 이야기에서 구체적인 예를 들어 설득력 있게 설명한다.

구조적 화법으로 예화 만드는 법

'비즈니스를 할 때 시장과 경쟁사의 동향을 분석하지 않고 의사 결정을 남발하는 것'을 '어둠 속에서 권투 하는 것'에 비유한 사례를 떠올려보자. 설명은 다음과 같은 흐름으로 되어 있다.

비즈니스를 할 때 시장과 경쟁사의 동향을 분석하지 않고 의사 결정을 남발하는 것

↓

'그것을 구성하고 있는 것은 무엇인가?'라는 질문

↓

세 가지를 열거한다.
- 전쟁터
- 보이지 않는다.
- 남발

↓

어둠 속에서 권투 하는 것

이어서 하야시 오사무의 기대를 벡터에 비유한 사례도 소개했다. 이 설명은 다음과 같은 흐름으로 되어 있다.

기대
↓
'그것을 구성하고 있는 것은 무엇인가?'라는 질문
↓
세 가지를 열거한다.
- 수량으로 표현할 수 있다.
- 방향이 있다.
- 둘 중 어느 하나가 다르면 다른 것으로 정의한다.

↓

벡터

이렇게 비교하면 '어둠 속에서 권투 하는 것'과 벡터는 완전히 같은 구조다. 따라서 '예화 만드는 법'은 어떤 경우에도 적용되는 실용적인 방법이라고 할 수 있다.

같은 구조의 이야기를 계속함으로써 그 사례가 우연히 그렇게 된 것이 아니라 모든 경우에 적용되는 법칙과 원리인 것처럼 전달한다. 그렇게 하면 주장하는 내용에 설득력이 생긴다. 전자를 A, 후자를 B로 하면 이 내용은 정말 구조적 화법으로 만들어졌다는 것을 알게 된다.

'어둠 속에서 권투 하는 것'을 이야기한다.

↓

벡터를 이야기한다.

↓

두 이야기는 같은 구조라고 설명한다.

↓

예화 만들기에 대해서 '정말 그렇구나!'라는 설득력이 생긴다.

여기서 소개한 사례뿐 아니라 평소에도 구조적 화법을 적극적으로 사용한다. 그래서 이번에는 이런 문제를 준비했다. 지금까지와는 조금 다른 스타일의 문제지만 좋은 복습이 될 것이다.

> 【실전 문제 22】
> 만약 당신이 책 읽을 시간적 여유가 있다면 책을 처음부터 가볍게 훑어보기 바란다. 분명히 어딘가에 구조적 화법을 사용해서 말하는 부분이 있다. 그것을 찾아낼 수 있다면 당신은 이 화법의 본질적 요소를 이해했다고 할 수 있다.

사업가 히로유키의 화법

알아듣기 쉽고 설득력 있는 말은 구조적 화법으로 실현된다. 6장 도입에서 소개한 "후카사와 씨는 구조적으로 말씀하시네요. 그래서 알아듣기가 쉽고 설득력 있어요"라는 코멘트는 사실 그 점을 지적하는 것이다. 그런데 왜 '구조적 화법이 설득력을 높이는 마법'이라고 단언하는지 보충 설명을 하겠다.

당신이 '요즘 젊은이는 경어 사용을 제대로 못하는 어른을 경멸한다'는 주장을 들었다고 하자. 만약 그 말을 들은 것이 한 번뿐이라면 주장을 믿지 못할 것이다. 하지만 이전에 '요즘 젊은이는 자기보다 어린 사람을 우습게 보는 또래를 무척 싫어한다'라는 다른 주장을 들은 적이 있다면 어떨까?

- 요즘 젊은이는 경어 사용을 제대로 못하는 어른을 경멸한다.
- 요즘 젊은이는 자기보다 어린 사람을 우습게 보는 또래를 무척 싫어한다.

두 가지는 내용이 비슷하고 사람에 대한 존경을 모르는 어른을 혐오한다는 의미로 거의 똑같은 말을 하고 있다. 당신이 들은 주장에 조금 설득력이 생기지 않는가?

- 한 번만 들었다. → 정말인지 의심스럽다.
- 예전에도 같은 내용을 들었다. → 어쩌면 사실일 수도 있다.

비슷한 이야기란 같은 구조의 이야기다. 같은 구조의 이야기가 지속되면 될수록 그 안에서 말하고 있는 내용에 설득력이 생긴다. 따라서 구조적 화법은 설득력을 크게 높이는 마법이다.

구조적 화법을 잘 구사하는 사람이 사업가 히로유키다. 다양한 미디어에서 사안을 알기 쉽게 설명하거나 누군가에게 질문을 받으면 즉석에서 답을 하는 스타일로 인기가 높다. 히로유키의 이야기를 듣고 있으면 본인은 의식 못하겠지만 어떤 특징이 있다는 것을 알 수 있다. '가령(또는 사례)'을 연발해서 말한다. 구체적으로는 다음과 같다.

주장
 ↓
가령(또는 사례) : **사례 1**
 ↓
가령(또는 사례) : **사례 2**
 ⋮

구체적인 예로 히로유키가 삶의 보람에 대해서 의견을 피력한 스피치의 한 소절을 요약해서 소개한다.

애초에 삶의 보람 같은 것은 존재하지 않습니다. 그보다는 해보니 좋았다거나 즐거웠다고 느끼는 주관적인 문제라고 생각합니다. 가령 무엇인가를 만드는 것을 좋아해서 아주 좋은 물건을 만들거나 멋진 그림을 그리거나 자신이 그린 만화가 무척 재미있다거나 게임을 만들어서 많은 이들을 즐겁게 한다

거나 하는 식으로 무엇인가에 골몰하다 보니 즐거웠던 경험이 있을 것입니다. 저는 그것으로 충분하다고 생각합니다. 사람에 따라서는 아이가 건강하게 자라는 것을 보고 행복을 느낀다면 그것으로 충분하고 오늘 먹은 스테이크가 맛있었다거나 오늘 먹은 파스타는 적당히 삶아져서 딱 먹기 좋았다거나 하는 정도로 작은 행복을 얼마나 많이 느끼는지가 중요합니다.

【참고】히로유키의 방

개인적으로는 무척 알기 쉽고 설득력 있는 이야기로 느꼈다. 왜냐하면 같은 구조의 이야기가 여러 번 계속되었기 때문이다.

- 멋진 그림을 그렸다.
- 자기가 그린 만화가 무척 재미있다.
- 게임을 만들어서 사람들을 즐겁게 했다.

요컨대 '만드는 것을 좋아해서 무척 좋은 것을 만들었다'는 이야기다. 굳이 수학적으로 말한다면 이것은 모두 같은 이야기다.

- 아이가 건강하게 자라는 것이 행복하다.
- 오늘 먹은 스테이크가 맛있었다.
- 오늘 먹은 파스타는 적당히 삶아져서 딱 먹기 좋았다.

세 가지 모두 일상의 평범한 장면에서 느끼는 기쁨에 관한 이야기이며 누구나 이해할 수 있는 지극히 단순한 행복의 사례다. 계속 같은 이야기를 반복한다는 것을 이제 눈치챘을 것이다. 사실 히로유키는 이 이야기 뒤에 보충하는 의미로 다음과 같은 말을 덧붙였다.

가끔 행복이 무엇인지 모르겠다고 얘기하는 사람이 있습니다. 그런 사람은 오늘은 날씨가 맑아서 기분이 좋았다거나 초콜릿을 먹었더니 달콤해서 맛있었다거나 무엇이라도 좋으니 긍정적으로 느낀 것을 메모해보세요. 하루에 10개 이상은 쓸 수 있을 것입니다. 푹 자서 기분이 좋았다거나 변을 보고 나니 시원하다거나 무엇을 먹었더니 맛있었다거나 하는 것을요. 그리고 자기 전에 나는 오늘 이렇게 행복한 일이 많았구나 하고 느껴보세요.

【참고】 히로유키의 방

여기서도 앞의 예와 같은 틀로 이야기한다는 것을 알 수 있다.

주장

행복이 무엇인지 모르는 사람이 있다.

↓

가령(또는 사례) : 사례 1

오늘은 날씨가 맑아서 기분이 좋았다거나

↓

가령(또는 사례) : 사례 2

초콜릿을 먹었더니 달콤해서 맛있었다거나

↓

주장

무엇이라도 좋으니 긍정적으로 느낀 것을 메모해보세요. 하루에 10개 이상은 쓸 수 있을 것입니다.

↓

가령(또는 사례) : 사례 3

푹 자서 기분이 좋았다거나

↓

가령(또는 사례) : 사례 4

변을 보고 나니 시원하다거나

↓

가령(또는 사례) : 사례 5

무엇을 먹었더니 맛있었다거나

구조적으로 같은 것을 비유나 사례로 준비해 연속해서 말함으로써 주장에 설득력이 생긴다. 히로유키를 논리 파괴자로 평가하는 사람도 있다. 이를 바꾸어 말하면 설득력 있게 말을 잘하는 사람이라는 뜻이다. 그가 그런 평가를 받는 이유 중 하나는 순식간에 사물 구조를 파악하고 그것을 활용하는 이야기 틀을 가지고 있기 때문일 것이다.

수학이란 구조적 사고방식을 배우는 학문이다

프랑스의 수학자 푸앵카레(Poincaré, 1854~1912)는 다음과 같은 말을 남겼다. 구조화를 주제로 알기 쉽고 설득력 있는 말을 하는 사람의 머릿속을 엿볼 수 있다. 개인적으로 무척 좋아하는 말이다.

수학은 서로 다른 것에 같은 이름을 주는 예술이다.

'매출액 = 객단가 × 고객 수'는 수학적으로는 '직사각형의 면적'과 같다. 다시 말해서 매출액을 계산하는 것은 직사각형의 면적을 계산하는 것과 같고 그 매출액을 자세히 분석하는 것은 직사각형의 면적을 여러 개로 잘게 쪼개서 분해하는 것과 같다.

우리는 일반적으로 10진법 수를 사용하는데 컴퓨터에서 숫자를 표현할 때는 주로 2진법이 사용된다. 10진법의 2(우리가 인식하는 two)는 2진법으로는 10으로 표기한다. 그러나 2와 10은 완전히 똑같은 수를 표현한 것이다. 실제 표기는 다르지만 같은 수로 간주한다.

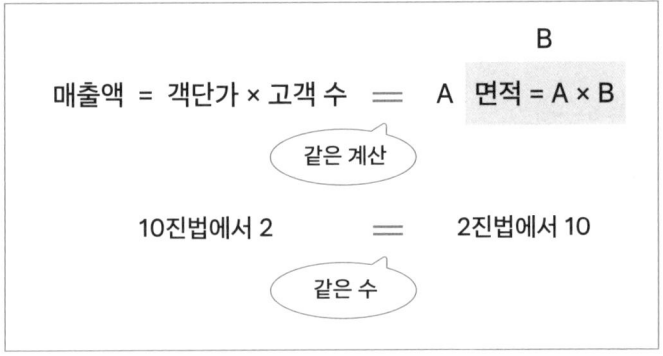

수학이란 일견 다르게 보이는 사물을 구조적으로 파악해서 실제로는 같은 구조라고 설명하는 사고방식을 배우는 학문이다. 따라서 구조로 말하는 것은 실제로 수학적인 행위다. 당신도 구조적 화법을 몸에 익혀서 다른 것을 같은 것으로 보고 설명할 수 있도록 훈련하자.

【실전 문제 23】
당신이 누군가를 설득하고 싶다고 하자. 누군가를 설득하기 위해서는 근거를 준비해야 하는데 근거와 얼핏 보기에는 다른 것처럼 보이지만 구조적으로는 같은 것을 찾아보자. 그것을 비유나 사례로 들어 말하면서 설득해보자. 가능하다면 그 비유나 사례는 여러 개일수록 좋다.

CHAPTER 7

모델화해서 말하라

마치 사실인 것처럼 말하는 노하우

모델을 사용해서 말하라

마지막 장의 주제는 모델화다. 결론부터 말하면 설명을 쉽게 잘하는 사람은 모델을 사용해서 말한다.

우선 모델이라는 말을 이해해야 한다. 이 말을 들었을 때 바로 떠오르는 것은 패션모델이 아닐까 한다. 패션모델은 디자이너의 옷을 입고 옷에 어떤 특징이 있는지, 멋지게 코디하기 위한 법칙은 무엇인지를 표현하는 일을 한다. 즉, 모델이란 어떤 것의 특징이나 법칙을 알기 쉽게 전달하는 역할이라고 할 수 있다.

수학에는 '수리 모델(혹은 수학 모델)'이라는 말이 있다. 전문가의 정의는 다양하지만 일반적인 정의는 '성질을 규명하기 위해 정량적(定量的) 행위를 공식화하고 계산을 통해서 그 성질을 모의(模擬)할 수 있도록 한 것(※)'이다. 어려운 단어가 즐비한데 지금 설명만으로는 무슨 말인지 이해하기 어렵다. 나중에 보충 설명을 할 테니 지금은 그냥 내용을 살펴보자.

다시 앞에서 말한 수리 모델의 정의를 확인하자. 문장에서 수리(수학)라는 개념을 빼고 표현하면 모델이란 성질을 규명하고자 하는 것에 대해 그 행위의 성질을 말로 설명한 것으로 이해할 수 있지 않을까? 앞에서 언급한 패션모델과 거의 같은 것을 표현한다는 것을 혹시 알아차렸는가? 따라서 모델이라는 말을 더 이상 간결해질 수 없을 정도로 극한까지 정보를 덜어내 정의하려고 한다.

모델이란 '~은(는) 이런 성질(법칙)이 있다'는 것을 말로 표현한 것이다.

지금부터 본론으로 들어간다. 이야기 첫머리에서 나는 설명을 쉽게 잘하는 사람은 모델을 사용해서 말한다고 주장했다. 바꾸어 말하면 '~은(는) 이런 성질(법칙)이 있다'는 표현을 사용해서 말하는 것이다. 예를 들면 기업에서 사람을 채용할 때 '명문대 졸업생이 더 전투력을 갖추고 있다'는 법칙을 적용한다고 하자. 오해가 없도록 보충 설명을 하자면 이것은 어디까지나 설명을 위한 가설이며 이것이 진실이라고 생각하지 않는다. 만약 많은 사람이 이 법칙을 진리라고 평가한다면 기업 채용 담당자가 이 법칙을 적용해 '그래서 명문대 졸업생을 우선적으로 면접해야 한다'라고 주장하거나 설명하는 일은 자연스럽다. 또 그 설명에는 어느 정도 설득력도 있다. 왜냐하면 많은 사람이 진리라고 평가하는 법칙에 적용해서 설명하기 때문이다.

주장하고 싶은 것이 있다.

↓

많은 사람이 옳다고 평가하는 법칙에 적용한다.

↓

설득력 있는 내용으로 전달된다.

매우 간단하지만 이것이 바로 모델을 적용해서 말한다는 행위다. 이 말의 감각을 좀 더 키우기 위해서 간단한 문제를 준비했다.

【실전 문제 24】
지인 중에서 '일을 잘한다'고 생각하는 인물 한 명을 고르자. 어떤 법칙을 적용해서 왜 그 사람이 일을 잘하는 사람인지를 설명하자.

프로스펙트 이론이란?

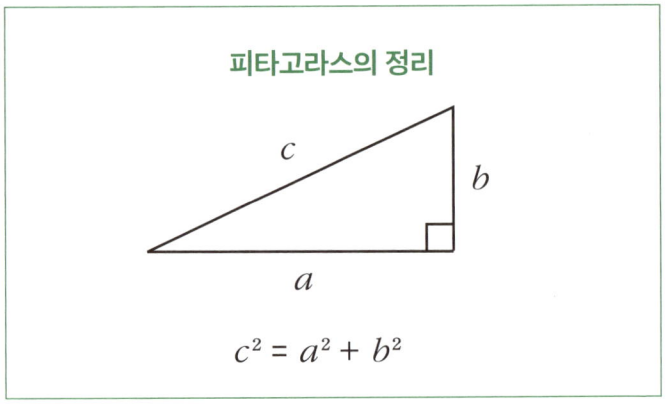

수리 모델의 정의(※)에 대한 보충 설명이다. 수학은 모델의 학문이라는 측면이 있다. 당신도 학창 시절 수학 시간에 정말 많은 모델과 만났다. 전형적인 것이 '○○의 정리'나 '△△의 공식' 같은 것이다. 예를 들면 피타고라스의 정리는 직각삼각형의 세 변에 관한 성질을 밝히는 것이고 2차방정식의 해의 공식은 정답을 구하기 위해 적용하는 법칙이라고 할 수 있다. 이러한 것은 '~은(는) 이런 성질(법칙)이 있다'라는 것을 말로 표현한 것이며 바로 이것이 모델이다.

$$ax^2 + bx + c = 0$$
일 때,
$$x = \frac{-b \pm \sqrt{b^2 - 4ac}}{2a}$$

여기에서 중요한 것은 수학과 수학적인 것의 차이다. 나는 이런 모델을 만드는 것까지가 수학이며 만들어진 모델에 적용하는 것을 수학적이라고 정리한다. 따라서 피타고라스의 정리가 탄생할 때까지가 수학이고 직각삼각형의 변의 길이를 구하기 위해서 그 공식을 사용하는 것은 수학적 행위가 된다. 후자를 한 줄로 표현하면 다음과 같다.

모델에 적용시켜 사실이라고 설명하는 행위

수학적 행위는 우리의 커뮤니케이션에 도움이 되는 이른바 수학적 화법에 해당된다. 예를 들면 앞에서 소개한 경제평론가인 카츠마 가즈요는 사물을 알기 쉽게 설명하는 동영상을 많이 공개했는데 그중 한 사례를 소개한다. "왜 이토록 우리는 변화를 두려워하는가?"라는 주제의 강연에서 한 구절을 요약했다. 구체적으로 인간은 현상 유지를 선호하는 존재라는 것을 설명한 내용이다.

인간이 왜 변화에 취약하고 변화를 두려워하는지에 대한 답은 단순하다. 우리는 살아남고 싶기 때문이다. 현재 상태에서는 죽지 않는다는 것을 우리는 안다. 하지만 무엇인가를 변화시키면 최악의 경우 죽을지도 모른다. 다시 말해서 현상 유지를 하면 죽지 않는다는 말이 된다. 우리는 그 상태보다 좋지 않게 어떤 일이 진행되었을 때의 리스크에 민감하다. 하향하는 리스크는 상향하는 기쁨보다 2배에서 3배로 민감하게 느낀다. 이를 행동경제학에서는 '프로스펙트(prospect) 이론'이라고 부른다. 인간은 새로운 것을 두려워한다는 인식을 가지면 좋을 것 같다.

【참고】카츠마 가즈요의 편집 이야기를 담은 유튜브

이미 눈치챈 사람도 있겠지만 카츠마는 자신의 주장에 프로스펙트 이론이라 불리는 것을 적용해서 설득력 있게 의견을 피력했다. 프로스펙트 이론을 쉽게 설명하면 '인간은 이익이 발생하면 그 이익을 손에 넣을 수 없다는 리스크 회피를 우선시하고 손실이 발생하면 손실 그 자체를 회피하려는 경향이 있다'고 주장하는 이론이다. 즉, 인간은 이득보다는 손실에 더 민감하게 반응한다는 것이다. 카츠마는 이 법칙을 적용해서 인간은 변화에 취약하다는 주장을 하고 있다. 개인적으로 이 내용에 많은 공감을 했는데 이야기의 어느 부분에서 설득력을 느꼈는지는 길게 설명할 필요도 없다. 바로 프로스펙트 이론이라 불리는 모델에 적용해서 한 설명이다. 만약 카츠마의 이야기가 이런 모델에 적용하지 않은 내용이었다면 어떻게 전달되었을까? 시험 삼아 그 부분을 삭제했다.

인간이 왜 변화에 취약하고 변화를 두려워하는지에 대한 답은 단순하다. 우리는 살아남고 싶기 때문이다. 현재 상태에서는 죽지 않는다는 것을 우리는 안다. 하지만 무엇인가를 변화시키면 최악의 경우 죽을지도 모른다. 다시 말해서 현상 유지를 하면 죽지 않는다는 말이 된다. 인간은 새로운 것을 두려워한

다는 인식을 가지면 좋을 것 같다.

주장하는 바는 전달된다. 하지만 근거 관점에서는 부족한 느낌이 드는데 당신은 어떻게 느꼈는지 모르겠다. 모델에 적용함으로써 자신의 주장이 타당하다는 것을 어필하는 카츠마의 화법을 흉내 내기를 권한다. 다음 문제에 도전해 보자.

【실전 문제 25】
주변에 도전을 두려워하는 사람이 있다고 가정하고 그 사람이 도전을 꺼리는 이유를 프로스펙트 이론을 사용해 설득력 있는 내용으로 설명하자.

타메스에 선수의 평균회귀 모델

앞에서 소개한 타메스에 다이를 다시 소환하자. 타메스에는 세계 육상 단거리 대회에서 일본인으로 첫 메달을 획득한 최고 선수였는데 최근 그의 활약을 보면 설명에도 아주 능한 사람이라는 생각이 든다.

타메스에의 유튜브 채널에 공개된 '컨디션이 좋을 때는 어떤 생각을 하면서 연습하면 좋을까?'라는 주제의 이야기 중 한 구절을 소개한다. 구체적으로는 일본인의 어떤 특징에 대해 설명하는 내용이다.

무척 흥미로운 것은 주로 일본인과 미국인을 비교한 것인데 어떤 상승 곡선의 그래프를 보여주며 '이다음에는 어떻게 될 것 같습니까?'라는 질문을 던졌습니다. 일본인은 평균회귀(平均回歸)를 떠올려 '지금 상승하고 있다면 앞으로는 하강하겠지요'라고 대답합니다. 미국인은 '지금 상승하고 있으니까 앞으로도 더 상승하겠지요'라고 대답하는 사람이 많았다고 합니다. 요컨대 일본인은 '좋은 일이 있으면 나쁜 일이 있다'와 같은 평균회귀를 신뢰하는 경향이 있습니다. 바꾸어 말하면 나쁠 때도 희망을 잃지 않지만 좋을 때도 자신을 억제하는 경향이 있습니다.

【참고】 타메스에 대학 Tamesue Academy

이 내용은 시사하는 바가 크다. 평균회귀에 대해서 알아보자. 평균회귀를 쉽게 표현하면 '평균에 가까운 현상'이라고 할 수 있다. 즉, 큰 것이 있으면 반드시 작은 것이 있지만 모든 것은 평균으로 되돌아오려는 경향이 있다는 사고방식이다. 주목해야 할 것은 타메스에의 이야기는 모델 즉, '~은(는) 이런 성질(법칙)이 있다'는 것을 말로 표현하고 있다는 점이다. 다음 내용을 살펴보자.

- 일본인은 평균회귀를 떠올리는 경향이 있다.
- 미국인은 그런 것을 떠올리지 않는 경향이 있다.

만약 타메스에의 이야기가 이런 모델을 적용하지 않는 내용이라면 어떻게 전달할 수 있을까? 시험 삼아 그 부분을 삭제했다.

일본인은 나쁠 때도 희망을 잃지 않지만 좋을 때도 자신을 억제하는 경향이 있습니다.

이것만으로는 도무지 설득력 있는 내용이라고 말할 수 없다. 모델에 적용하는 것이 얼마나 중요한지 알게 되었으리라고 생각한다. 이 책을 여기까지 읽은 당신은 앞에서 예로 든 카츠마의 사례와 타메스에의 사례가 완전히 같은 구조라는 것을 알게 되었으리라고 생각한다. 왜 같은 구조의 사례를 연속으로 소개했는지는 6장을 읽었다면 쉽게 이해가 갈 것이다.

설명에 활용할 모델 비축하기

타메스에는 그런 모델을 활용한 대화가 어떻게 가능했던 걸까? 답은 간단하다. 그 화제에서 사용한 일본인과 미국인의 비교론을 알고 있었기 때문이다. 좀 더 본질적으로 말하면 공부했기 때문이다. 카츠마의 경우도 마찬가지다. 프로스펙트 이론이라는 모델을 활용할 수 있었던 것은 행동경제학을 공부했기 때문이다. 그런 의미에서 편견 없이 다양하게 교양을 익히는 것이 매우 중요하다는 것을 통감한다.

한편 다양한 분야에서 교양을 쌓는 것이 중요하다는 정론은 인정하지만 일상 대화에서 바로 쓸 수 있는 법칙을 지식으로 비축하는 것도 중요하다. 다양한 학문을 바닥부터 다시 배우지 않아도 인터넷으로 비즈니스 법칙 등을 검색하면 여러 가지를 발견할 수 있다. 몇 가지 대표적인 것을 소개할 테니 일상에서 활용해보자.

파레토 법칙(Pareto's Law, 2대8 법칙)

전체 결과의 80퍼센트가 전체 원인의 20퍼센트에서 일어나는 현상을 말한다. 예를 들어 '이 사회의 부 80퍼센트는 20퍼센트의 부유층이 차지하고 있다' 혹은 '매출의 80퍼센트는 전 고객의 20퍼센트가 차지하고 있다' 같은 법칙이다.

2-6-2 법칙

상위·중위·하위가 2-6-2의 비율로 나타나는 현상을 가리킨다. 예를 들면 보통 회사에는 우수 사원이 20퍼센트, 보통 사원이 60퍼센트, 실적 부진 사원이 20퍼센트 비율로 존재한다.

란체스터 법칙(Lanchester's Law)

1915년에 영국의 항공 엔지니어인 F. W. 란체스터가 고안한 것으로 전투 결과를 손실률과 잔존 병력의 수로 모형화한 수학적 모델이다. 기본 개념은 '무기 성능이 같다면 병력 수가 많은 쪽이 이긴다'다. 재래식 전투인 1대1 법칙이라고도 불리는 제1법칙(약자의 전략)과 집중 효과의 법칙이라 불리는 제2법칙(강자의 전략)이 있다.

1만 시간 법칙

어떤 분야의 전문가가 되려면 최소한 1만 시간 정도의 훈련이 필요하다는 법칙이다. 하루 8시간씩 훈련할 경우 3년이 조금 넘게 걸린다. '무엇을 하든 최소 3년은 계속해야 한다'는 주장이 설득력 있다.

피크엔드 법칙(Peak-End Rule)

인간의 인식은 절정의 순간과 가장 마지막 순간의 평균값으로 결정되며 그 외의 정보는 없어지지는 않지만 판단 재료로 반영되지 않는다는 법칙이다. 예를 들면 드라마나 스포츠를 볼 때의 느낌을 생각하면 이해된다. 비즈니스에서도 고객 만족도를 높이는 관점에서 중요하다.

한계 효용 체감의 법칙

'소비하면서 얻어지는 만족감은 소비하는 양이 증가할수록 저하한다'는 법칙이다. 예를 들면 업무 후에 하는 한 잔이 2잔째가 되면 처음의 만족도를 얻을 수 없고 3잔, 4잔으로 횟수가 늘어나면 만족도는 계속 떨어진다. 처음에 느낀 만족감은 같은 것을 아무리 소비해도 다시 느낄 수 없다.

> 【실전 문제 26】
> 이번 항목에서 소개한 법칙을 적용해서 설득력이 향상되는 이야기를 생각해보자. 이 책에서 소개한 법칙 외에도 가능한 한 많은 법칙을 찾아서 저장하자.

참고로 나의 사례를 소개한다. 나는 경영자도 겸하고 있어 경영자 입장에서 강연회나 인터뷰를 하기도 하는데 그때 자주 사용하는 내용이다.

내가 제창한 비즈니스 수학을 보급하는 일은 자원봉사가 아니라 영리단체를 설립해서 활동하는 비즈니스다. 비즈니스 수학 창업 당시에는 기업의 인재 육성이나 연수 업계에서 비주류였다. 따라서 기존 세력과 승부를 겨루어도 이길 승산이 없었다. 그래서 나는 적이 적은 곳에서 싸운다는 원칙을 세워 국지전을 선택함으로써 지금까지 싸웠고 냉엄한 시장 환경 속에서 살아남았다.
사실 이것은 란체스터 법칙 즉, '약자는 적을 분산시켜서 1대 1 국지전으로 싸운다'는 이론을 적용한 사고방식이다. 란체스터 법칙은 실제 전투에서 이용되어 검증되었다고 한다. 지금도 내 전략은 틀리지 않았다고 생각하며 나와 비슷한 입장의 사람들에게 참고가 되었으면 좋겠다.

거슬리는 말 & 따분한 말

한 번은 어떤 직장인이 재미있는 말을 했다. '이렇게 무슨 무슨 법칙 같은 것을 빈번하게 사용해서 말하는 사람을 나는 별로 좋아하지 않아요'라는 것이다. 이유를 물어보니 이런 대답이 돌아왔다.

"거슬리니까요."

즉, 그 말을 듣고 있으면 짜증이 나고 거슬린다는 것이다. 그의 기분을 모르는 것은 아니다. 잘 모르는 외래어와 전문용어를 잔뜩 섞어 말하는 사람도 같은 이유로 미움을 받는 경향이 있다. 왠지 잘난 척하는 인상을 주기 때문이다. 그가 왜 그런 감정을 느끼는지 생각해보았다. 은근히 '나는 공부를 많이 했다'라는 것을 뽐내는 것처럼 들렸던 것이 아니었을까?

앞에서 소개한 카츠마나 타메스에의 사례에서도 언급했

지만 이런 모델에 적용해서 말하기 위해서는 제대로 공부할 필요가 있다. 절대적인 진리가 상대를 불쾌하게 만들 가능성을 아예 부정할 수는 없다. 하지만 모든 것이 '정도의 문제'라고 생각한다. 학자나 전문가가 생각한 모델이나 전문용어를 필요 이상으로 남발해서 말하는 것은 상대방의 심사를 뒤틀리게 할 수도 있다. 하지만 필요 이상으로 남발하지 않고 정말 필요한 순간에만, 설득하는 재료로 사용한다면 분명 효과를 거둘 수 있다. 지성을 전파하기 위해서 말을 하는데 반대로 비지성적인 사람 취급을 받는 비극만큼은 피해야 한다.

또 다른 직장인의 의견을 소개한다.

"다 아는 이야기라서 따분해요."

그 심정을 모르는 것은 아니다. 아마도 이 사람은 지금까지 공부를 제대로 한 사람일 가능성이 크다. 그런 사람 앞에서 줄줄이 나열하는 법칙은 어느 것 하나 새로울 것이 없다. 눈을 씻고 봐도 참신한 것이란 없고 '그래서 어쩌라고요?'라는 반응만 나올 수도 있다. 지적 자부심이 강한 지식인은 자신을 무시한다고 느끼는 경우도 있다. 이런 경우에는 다음과 같은 표현을 사용하면 따분함에서 벗어날 수 있다.

"여러분도 잘 알고 계시리라 생각되지만 이것은 파레토 법칙이라는 것인데 …."
"여러분도 잘 아시다시피 한계 효용 체감의 법칙이라 불리는 것으로 …."

이런 표현은 '여러분에게는 상식적인 이야기가 될 수 있어 송구스럽지만', '여러분의 지적 수준을 이미 잘 알고는 있지만'이라는 뉘앙스를 전달하는 것이다. 혹은 다음과 같은 표현을 굳이 사용하기도 한다.

"앞에서 저는 파레토 법칙이라는 너무나도 유명하고 누구나 알고 있는 모델을 예로 사용했습니다. 유명하다는 것은 그만큼 많은 케이스를 설명하고 있다고 말할 수 있습니다. 새로움과 참신함은 없지만 여전히 중요한 가르침이라고 저는 생각합니다."

다시 말해 사물의 본질은 항상 단순하며 새로움과 참신함은 없다는 사실을 넌지시 전달한다. 이런 말을 먼저 하면 지적 자부심이 강한 지식인을 상대로 강연해도 '따분한 이야기'라는 인상을 주지 않을 수 있다.

사실이 아니라 사실인 것 같은 말

지금까지 여러 차례에 걸쳐 '설득력 있는 화법'이라는 문맥으로 다양한 사고방식과 사례를 소개했다. 만약 '설득력 있는 화법이란 무엇이지요?'라는 질문을 받는다면 당신은 어떻게 대답하겠는가? 단순하지만 대답하기 어려운 질문이다. 그래서 나의 대답을 바로 소개한다. 마지막 7장의 결론이다.

사실인 것처럼 전달하는 말

여기서 중요한 것은 사실이 아니라 어디까지나 '사실 같다'라는 것이다. 설명을 잘하는 사람(=똑똑한 사람)은 정확한 내용을 전달하는 것이 아니다. 자신의 주장을 정확한 것처럼 전달하는 것뿐이다. 조금 알아듣기 어려운 뉘앙스일 수 있으므로 보충 설명을 하겠다. '모델에 적용시켜 말하기'가 무슨 말인지 다시 한 번 확인해보자.

주장하고 싶은 것이 있다.

↓

많은 사람이 옳다고 평가하는 법칙에 적용한다.

↓

설득력 있는 내용으로 전달된다.

여기에서 중요한 것은 '많은 사람이 옳다고 평가하는 법칙'이라는 표현이다. 왜 나는 '올바른 법칙'이라는 표현을 쓰지 않았을까? 이것이 만약 수학 시간에 푸는 문제라면 적용하는 모델은 반드시 옳다고 해도 과언이 아니다. 피타고라스의 정리는 모든 직각삼각형에 적용되는 법칙이며 2차 방정식의 해의 공식도 마찬가지다. 수학 모델은 수학의 세계에서는 반드시 옳다.

하지만 수학의 세계와 우리가 사는 현실 세계는 다르다. 인간들이 사는 현실 세계에서 말하는 모델은 반드시 옳다고는 말할 수 없다. 예를 들어 파레토 법칙이 적용되지 않는 기업도 어딘가에 존재할 것이며 1만 시간 법칙이 적용되지 않는 경우(프로야구 선수를 목표로 수많은 시간에 걸쳐 노력했지만 프로 선수가 되지 못한 사람도 있다)도 많을 것이다. 즉, 7장에서 소개한 모델이라 불리는 것 모두가 100퍼센트 옳다고 단언할 수 없다. 이것이 수학과 수학적인 것의 차이다.

- **수학** : 사실이라는(옳다는) 것을 설명한다.
- **수학적** : 사실인 것처럼 설명한다.

이 책은 어디까지나 '수학적 화법'에 대해서 이야기하고 있다. 현실 세계에서 모델을 활용해 말하는 것은 정확한 사실을 전달하기 위한 것이 아니라 자신의 주장을 사실인 것처럼 전달하기 위한 것이다. 앞에서 소개한 카츠마와 타메스에가 말한 내용이 사실인지 아닌지는 누구도 알 수 없다. 다만 사실인 것처럼 전달되었다.

만약 당신이 실전 문제 25와 26을 풀었다면 거기에서 생각한 '설득력 있는 내용'이 사실인지 아닌지는 누구도 알 수 없다. 다만 상대방에게는 사실인 것처럼 전달되었을 것이다. 결국 설득력 있는 말이란 사실인 것처럼 느껴지는 말이다. 사실인 것처럼 느껴지는 말이란 책에서 소개한 것처럼 수학적으로 말한 결과다. 즉, 설득력 있는 말이란 수학적으로 말한 결과다. 매우 간단한 삼단논법이지만 이것이 본질이다.

설득력 있는 내용 = 사실인 것 같은 내용

↓

사실인 것 같은 내용 = 수학적으로 말한 내용

↓

설득력 있는 내용 = 수학적으로 말한 내용

우리가 사는 세상은 특히 비즈니스 현장에서는 얼마나 사실인 것처럼 말을 하는가로 승부가 결정된다. 어떻게 하면 사실인 것처럼 이야기할 수 있을까? 이 책은 한 가지 접근 방식을 시도한 것에 불과하다. 이를 계기로 당신도 다양한 방식을 고민해보라.

> 【실전 문제 27】
> 설득력 있게 말하기 위해서 필요한 것은 무엇일까? 책의 내용과 상관없이 당신만의 답을 찾아보기 바란다.

토요타 아키오 사장과 이치로 선수의 대담

7장에서는 '모델을 활용해서 말하기'를 제안했다. 하지만 그것은 어떤 의미에서는 타인의 말을 인용해서 말하기를 의미한다. '○○의 법칙'은 자신의 말이 아니라 다른 누군가가 만든 말이다. 자신의 언어로 말하지 않으면 소통이 어렵다는 말을 종종 듣는다. 나도 사람들 앞에서 말할 기회가 많은 일을 선택했다. 상대방에게 잘 전달되는 말이란 어떤 것일까 늘 고민한다. 단순히 말을 전달하면 되는 것이 아니라 전달이 잘되는 말을 해야 한다고 생각하기 때문이다.

마침 토요타 자동차의 토요타 아키오 사장과 전 프로야구 선수인 이치로와의 대담 영상을 볼 기회가 있었다. 각자 다른 세계에서 업적을 쌓은 프로끼리의 대담이기에 흥미진진한 이야기가 많았다. 개인적으로 공감 가는 이야기가 있어 소개한다. 토요타 아키오 사장이 '이치로 씨는 말을 할 때 신중을 기하는 경향이 있는 것 같다'라는 화두를 던졌을 때 이치로가 한 대답을 요약했다.

저는 '저 녀석, 싫어!'라는 말을 듣는 것을 꽤 즐기는 편입니다. 가장 힘든 것은 무관심이지요. 아주 싫어하면 아주 좋아할 가능성이 있어요. 그렇게 되기 위해서는 자신의 언어를 가져야 한다고 생각합니다. 저는 다른 사람의 인터뷰 내용을 자주 듣습니다. 무엇인가 좋은 이야기를 하고 있는 것 같은데 왠지 와

닿지 않을 때가 있어요. 그런 사람은 머리로 이해하고 있는 사람입니다. 자기 속에서 우러나온 말이 아니라서 왠지 경박하게 느껴져요. 그런 것이 화면상으로도 드러나더군요. 만약 누군가가 내 말에 감동을 느낀다면 그것은 제 안에서 우러나오는 것이기 때문입니다.

【참고】토요타 자동차 주식회사

개인적으로는 그의 말에 일리가 있다고 생각한다. 이치로 선수는 내용 전달이 잘되는 말이 어떤 말인지에 대해 잘 설명하고 있다. 남한테 들은 말로만 이야기하다 보면 기대하는 성과를 얻을 수 없다. 결국에는 자신의 언어로 말하지 않으면 안 된다.

자신의 언어로 말할 수 있는 사람은 자신만의 언어를 가진 사람이다. 하지만 그 언어는 편의점에서 팔지 않는다. 누군가에게 선물 받을 수 있는 것도 아니다. 자신이 살아온 방식을 통해서 만들어지는 것이다.

토요타 아키오 사장과 이치로의 대담에는 결코 어려운 이야기가 없었다. 잘 듣다 보면 '어딘가에서 들어 본 것 같은 이야기'가 대부분이었다. 하지만 분명히 무엇인가가 달랐다. 그들의 언어가 그들의 삶을 통해 만들어진 것이기 때문이다.

나는 이 책에서 사고를 바꾸면 화법도 바뀐다고 설명했다. 그 말에 거짓은 없다. 하지만 거기에 딱 하나 덧붙인다면 삶의 방식이 화법을 결정한다는 것이다. 공감한다면 앞의 실전 문제 27을 그런 관점에서 다시 한 번 고민해보자. 분명히 답이 달라지는 사람이 있다.

'수학적 화법'을 수학적으로 설명하라

1장에서 수학이란 무엇인가 즉, 수학이라는 것의 정의를 다음과 같이 한마디로 말했다.

"수학이란 설명이다."

이 책은 당신에게 수학적 화법을 권하는 책이다. 이제 마지막 문제를 풀어보자.

> 【실전 문제 28】
> 이 책의 서평, 혹은 요약한 것을 누군가에게 설명해보자.
> 단, 수학적 화법으로 말해야 한다.

이 책을 매듭짓는 마지막 문제는 수학적 화법이라는 주제를 수학적으로 설명하는 것이다. 당신은 어떤 정의를 하고 어떤 분해나 비교를 이용하며 어떤 구조나 모델을 적용해서 설명할까? 논리적이고 알기 쉬우면서 이미지가 딱 떠오를 수 있도록 하며 그 주장이 사실인 것처럼 전달할 것을 명심하라. 상대방이 '정말 그렇구나!'라고 반응한다면 대성공이다. 1장에서 나는 어떤 말을 당신에게 맡겼다. 부디 이 말을 기억해준다면 정말 기쁠 것이다.

수학적 화법은 사람들에게 '정말 그렇구나!'라는 공감을 가져다준다.

글을 마치며

　당신이 이 책을 선택한 이유는 무엇입니까? 자신의 화법을 변화시키고 싶기 때문일 것입니다. 그래서 마지막까지 읽었겠지요. 진심으로 감사드립니다. 하지만 다시 한 번 질문을 하겠습니다. 당신이 이 책을 읽은 진짜 이유는 무엇입니까? 당신의 목적은 과연 '화법'을 바꾸는 것일까요?

　저는 그렇게 생각하지 않습니다. 당신은 화법을 바꿈으로써 자신의 인생을 변화시키고 싶었던 것이 아닐까요? 만약 '알기 쉽고 간결한 화법을 구사'해서 일이 잘 풀린다면 결과적으로 당신에게 충족감을 안겨줍니다. 그것은 당신 인생에 기쁨과 자신감을 주며 결과적으로 지금보다 더 빛나는 인생이 될지도 모릅니다.

화법이 바뀌면 인생도 바뀐다.

이것을 수학적으로 표현하면 말하기와 인생은 마치 함수 관계와 같다고 할 수 있습니다. 함수란 다른 것의 관계를 수학적으로 표현한 것입니다. 어떤 수 X가 하나 늘면 다른 어떤 수 Y가 2개 는다고 할 때 X와 Y는 다음과 같은 함수로 표현할 수 있습니다.

$Y = 2X$ (X가 바뀌면 Y도 바뀐다)

말하기와 인생은 함수와 같은 것입니다. 모든 순간을 수학적으로 말하는 나는 이 사실에 깊이 공감합니다. 만약 당신도 '정말 그렇구나!'라고 느낀다면 수학적 화법을 해보지 않겠습니까?

저에게 이 책은 수학에 대한 은혜 갚음이라고 할 수 있습니다. 저에게 말하기를 가르쳐준 것은 의심할 여지없이 수학입니다. 그것이 무척 행운이라는 생각이 들어서 감사하고 있습니다. 만약 수학과 친숙해지지 않은 채로 인생을 살아온 사람이 있다면 꼭 그 사람에게 '수학이 인간에게 무엇을 가르쳐주고 있는지'를 알려주고 싶었습니다. 이것이 이 책을 집필한 이유입니다. 조금은 수학에 대해서 은혜를 갚았다고 믿으며 펜을 내려놓습니다. 감사합니다.

성공하는 사람은 수학적으로 말한다

초판 1쇄 발행 2023년 7월 26일

지은이 후카사와 신타로
옮긴이 한은미
펴낸이 김영범

펴낸곳 ㈜북새통·토트출판사
주소   (03955)서울특별시 마포구 월드컵로36길 18 902호
대표전화 02-338-0117
팩스   02-338-7160
출판등록 2009년 3월 19일 제315-2009-000018호
이메일   thothbook@naver.com

ⓒ 후카사와 신타로, 2022

ISBN 979-11-87444-91-6 13190

잘못된 책은 구입한 서점에서 교환해 드립니다.